GOLDMANN
ARKANA

Die Herausgeber

Jack Canfield

Jack Canfield ist Mitschöpfer und Herausgeber der *Hühnersuppe für die Seele*-Reihe, die im Time-Magazin als »das verlegerische Phänomen des Jahrzehnts« bezeichnet wurde. Die Reihe umfasst mehr als 140 Titel mit über 100 Millionen Exemplaren und ist in siebenundvierzig Sprachen erhältlich. Neben seiner schriftstellerischen Tätigkeit gibt er Seminare und Schulungen zur persönlichen und beruflichen Weiterentwicklung.

Mehr Informationen unter www.jackcanfield.com
info4jack@jackcanfield.com

Mark Victor Hansen

Zusammen mit Jack Canfield ist Mark Victor Hansen Herausgeber der *Hühnersuppe für die Seele*-Reihe, Bestseller-Autor, bekannter Persönlichkeitscoach und ein beliebter Redner in den USA.

Mehr Informationen unter www.markvictorhansen.com

Patricia Lorenz

Patricia Lorenz ist Koautorin einiger Bände von *Hühnersuppe für die Seele*. Sie arbeitet als Journalistin und Kolumnistin und ist eine beliebte Referentin für Themen wie persönliche Entwicklung und Gesundheit. Patricia lebt in Largo in Florida. Sie hat vier erwachsene Kinder und acht Enkelkinder.

Mehr Informationen unter www.PatriciaLorenz.com
patricialorenz@juno.com

Jack Canfield, Mark Victor Hansen
und Patricia Lorenz

Hühnersuppe für die Seele

für Schokoladen-Liebhaber

Aus dem Amerikanischen von
Rita Höner

GOLDMANN
ARKANA

Die amerikanische Originalausgabe erschien 2007 unter dem Titel
»Chicken soup for the chocolate lover's soul.
Indulging in our sweetest moments«
bei Health Communications, Inc., Deerfield Beach, Florida, USA.

FSC
Mixed Sources
Product group from well-managed
forests and other controlled sources

Cert no. GFA-COC-1223
www.fsc.org
© 1996 Forest Stewardship Council

Verlagsgruppe Random House FSC-DEU-0100
Das für dieses Buch verwendete FSC-zertifizierte Papier
Munken Premium Cream liefert Arctic Paper Munkedals AB, Schweden.

1. Auflage
Deutsche Erstausgabe

Umschlaggestaltung: UNO Werbeagentur, München
Umschlagmotiv: Getty Images und HG, Fine Pic, München
Lektorat: Mareike Fallwickl
Satz: Greiner & Reichel, Köln
Druck und Bindung: CPI – Clausen & Bosse, Leck
Printed in Germany
978-3-442-33823-8

www.arkana-verlag.de

Wir widmen dieses Buch all jenen, die wissen,
dass das Leben zu kurz ist,
um es ohne Schokolade zu verbringen,
und sie deshalb häufig genießen.

Inhalt

Köstliche Genüsse

Die Geschmacksknospen beglücken

3. Entspannende Momente

Einleitende Worte

Das Wort Schokolade löst eine Fülle von Gefühlen, Geschmacksempfindungen, Gerüchen, visuellen Eindrücken, Erinnerungen und Sehnsüchten in uns aus.

Schokolade verbessert die Stimmung und bewirkt die Ausschüttung von Glücksgefühlen. Sie liegt auf unserer Zunge, zerschmilzt langsam zu einer köstlich cremigen Süße, die unsere Geschmacksknospen befriedigt, und sorgt dafür, dass wir uns besser fühlen als vor dem Augenblick, in dem sie unsere Lippen berührte.

Von dem Moment an, in dem unsere Mütter, Großväter, Lieblingstanten oder Babysitter uns, kaum konnten wir laufen, ein bisschen Kakao in die Milch rührten, stehen wir in ihrem Bann. Schokoladenmilch wird zum Lieblingsgetränk unserer Kindheit, das wir ebenso gern mögen wie Schokoladenbonbons, Schokoladenriegel, Schokoeiscreme, Schokoplätzchen, Schokopudding und Schokokuchen. Sie macht praktisch süchtig, diese üppige, cremige, Raus-aus-dem-Alltag-Mischung, zwar nicht den Körper, aber doch die Seele. Wir wollen sie. Wir wollen sie unbedingt.

Bevor wir uns versehen, kaufen wir dünne Minzplätzchen mit Schokoüberzug, die wir horten und verschlingen, als wäre es Popcorn. Dann kommt Halloween, und unsere Kinder sammeln Tüten voll mit Süßigkeiten. Und natürlich schmuggelt Mama aus diesen Tüten jeden Tag ausschließlich die Schokolade heraus. Zu Weihnachten treten dann neue Formen von Schokolade auf den Plan: Bäume, Glocken, Sterne und mit Milchschokolade überzogene Kirschen.

Wenn wir erwachsen sind, werden unsere Schokoladenvorlieben anspruchsvoller. Schokolikör. Trüffel. Kaffee mit Schokolade. Kakaobohnen in Desserts, Eiscremes oder Partygetränken. Wir reisen, kaufen Schokolade in anderen Ländern und vergleichen. Schokolade aus Deutschland. Aus der Schweiz. Italien. Spanien. Frankreich. Wir kommen nach Hause und füllen unsere Schokoladenvorratsdosen mit Bonbons, Riegeln, Trüffeln und dunkler, allerdunkelster Schokolade, die Splitter von echten Kakaobohnen enthält, denn wissenschaftliche Studien belegen doch, dass dunkle Schokolade gut für uns ist.

Für uns Frauen wird Schokolade zur Lieblingsdroge, mit der wir monatliche Schlechte-Laune-Phasen, Schwangerschaftsgelüste und schließlich die Hitzewellentage vor, während und nach den Wechseljahren überstehen. In diesen Zeiten scheint der Schokoladenvorrat unser bester Freund zu sein. Schokolade heilt, bessert die Laune und sorgt dafür, dass wir uns einfach gut fühlen.

Wir planen ausgefallene Feiern, in deren Mittelpunkt Schokolade steht: Brautpartys, Empfänge, Geburtstage, Betriebsfeste, Damenkränzchen. Wir entdecken den Schokoladenbrunnen, bei dem Obst, Kuchen, Marshmallows und Reiscrispies ihren Weg ans Ende eines Fonduestäbchens finden, das wir in eine delikate Schokoladensauce dippen. Sie tropft auf unser Kinn, legt sich auf unsere Lippen, entzückt unsere Zunge und schickt, bevor wir sie schlucken, unsere Geschmacksknospen in den siebten Himmel. Und dann wollen wir mehr. Viel mehr.

Egal, wo wir sind – im Lebensmittelladen an der Ecke, an der Tankstelle, im Kaufhaus, im Einkaufszentrum, im Spezialitätengeschäft einer Kleinstadthauptstraße oder auf der Fifth Avenue in New York –, überall fällt unser Blick auf Schokoladiges. Wir verlangsamen unseren Schritt, fahren uns mit der Zunge über die Lippen und geben den vielen hundert Formen, Größen und Aromen unserer Schokoladenleidenschaft nach. Wir trödeln im Einkaufszentrum vor dem Schoko-Cookies-Laden herum, gieren nach einer ganzen Tüte mit kleinen warmen Schokosplitter-Cookies und begnügen uns dann mit zwei von den großen.

Jeder von uns hat seine Favoriten. Cremige Schokoriegel. Fudge. Schokolinsen. Sechsschichtige Schokotorte mit Karamell- und Sahneüberzug. Schokoladenkäsekuchen mit Pekannüssen. Knusprige Malzmilchkugeln im Schokomantel. Vanilleeis mit Schokoraspeln und heißem Fudge obendrauf. Schokoladenkonfekt aus der ganzen Welt. Warmer Schokoladenpudding mit Schlagsahne. Mon Chéri. Ferrero Küsschen.

Schokolade ist einer von jenen Genüssen im Leben, die relativ preiswert und leicht erhältlich sind, die unser körperliches und seelisches Wohlbefinden subjektiv verbessern und die, wenn wir es nicht übertreiben, jüngsten Untersuchungen zufolge auch objektiv gut für uns sein können.

Schokolade ist mehr als ein Nahrungsmittel, mehr als eine Leckerei. Sie ist eine Passion, etwas, das man nicht entbehren kann. Manchmal trägt sie dazu bei, einen komplizierten Tag erträglicher zu machen. Aber für die Meisten von uns, vor allem für uns Frauen, ist Schokolade nicht nur ein Bedürfnis. Sie ist eine Notwendigkeit.

Manchmal haben wir wegen unserer Schokoladensucht Schuldgefühle. Ich hoffe, dass Ihnen die Lektüre dieser wahren Geschichten und Erlebnisse von Menschen aller Altersstufen, aus verschiedenen Bundesländern und gesellschaftlichen Schichten, während Ihre Lieblingsschokoladenleckerei Ihnen auf der Zunge zergeht, das tröstliche Wissen vermittelt, dass die meisten Menschen ihre Schokoladengelüste genauso hegen und pflegen wie Sie. Eins weiß ich sicher: Das Leben ist zu kurz, um es ohne Schokolade zu verbringen.

Patricia Lorenz

Köstliche Genüsse

Die Fünfzehn-Cent-Überraschung

Du stehst auf der Liste der Dinge, die ich am meisten liebe – direkt hinter Schokolade.

Mary Englund Murphy

Es war im Dezember 1963. Zu unserem ersten gemeinsamen Weihnachtsfest wollten Jack und ich einander etwas Besonderes schenken, aber wir hatten kein Geld. Wir waren ein paar Mal miteinander ausgegangen, hatten uns ineinander verliebt und geheiratet, alles innerhalb von drei Monaten. Wir waren jung, verliebt und pleite – total pleite.

Jack war ein einfacher Soldat bei den Marines und am Stützpunkt für Kampfmittel der Marine in Charleston in South Carolina stationiert. Das schönste Haus, das wir uns von den neunzig Dollar, die Jack im Monat verdiente, leisten konnten, war eine heruntergekommene alte Doppelhaushälfte. Das Haus lag mitten auf einer Kuhweide am abgelegenen Oberlauf des Goose Creek. Es war zugig, das Dach war undicht, und es gab kein warmes Wasser. Aber wir waren zusammen, und das war für uns das Wichtigste.

Weihnachten rückte näher, und ohne dass ich es wusste, war Jack entschlossen, mich zu unserem ersten gemeinsamen Fest zu überraschen. Am 19. Dezember versteckte er eine kleine Axt unter seiner Feldjacke, bevor er hinausging. Er zog seine Arbeitshandschuhe an, setzte die Mütze auf, um seine Ohren warm zu halten, und machte einen Mondscheinspaziergang zum hinteren Ende der Weide. Ungefähr eine Stunde später kam er mit einer mickrigen kleinen Kiefer und einem breiten Grinsen zurück. Die dünnen Ästchen des kleinen Baumes breiteten sich aus wie Engelsflügel. Ich freute mich mit kindlichem Entzücken über die Überraschung.

»Hier, nimm die leere Kaffeedose, Jack. Wir können den Baum da hineinstellen«, sagte ich. Jack füllte die Kaffeedose mit der Lehmerde von South Carolina und klemmte den winzigen Stamm hinein. Um die Dose wickelte ich einen meiner Schals als Dekoration. Dann schmückte ich den kleinen Baum mit meinen Ohrringen, Halsketten und Armbändern. Die Glassteine glitzerten wie Lametta. »Es ist nicht der größte Baum der Welt, aber es ist der schönste Weihnachtsbaum, den ich je hatte«, sagte ich und drückte einen Kuss auf Jacks Wange. Ich lehnte mich an seine starke Schulter und seufzte vor Glück.

Aber Jack war noch nicht zufrieden. Er wollte unter diesen Baum ein Geschenk legen. Am Heiligen Abend hielt er auf dem Rückweg vom Dienst beim Armeeshop an. Alles, was er in der Tasche hatte, waren einundzwanzig Cent. Eine Stunde lang wanderte er durch den Laden und suchte nach etwas, das er mit diesen mageren Ersparnissen für die Liebe seines Lebens kaufen könnte. Er hatte fast aufgegeben, als sein Blick auf ein kleines Schild fiel, auf dem »15 Cent« stand. Er griff sich den Artikel, zahlte und trat mit dem in der Tasche seiner Feldjacke verstauten Schatz den Heimweg an.

An diesem Abend aßen Jack und ich vor unserem Weihnachtsbaum Schinkensandwiches. Wir sangen Weihnachtslieder und kuschelten vor dem kleinen Gasheizofen. Gegen Mitternacht verschwand Jack im Schlafzimmer. Als er wiederkam, hatte er die rechte Hand hinter dem Rücken versteckt. Sein Mund wurde trocken und seine Hände zitterten, als er verkündete: »Mach die Augen zu. Es ist eine Überraschung.«

»O Jack, du hättest doch kein Geld für ein Geschenk ausgeben sollen. Wir können es uns nicht leisten!«

»Ich konnte doch nicht Weihnachten kommen und gehen lassen, ohne für das schönste Mädchen der Welt etwas Besonderes zu tun. Mach die Augen zu und streck die Hand aus.«

Ich muss zugeben, dass ich aufgeregt war. Ich kicherte wie ein kleines Mädchen. Jack legte seinen Schatz in meine offene Hand. »Ich weiß, es ist nicht viel. Aber, nun ja, es ist deine liebste, und du bist *meine* Liebste.« Er atmete laut aus. »Frohe Weihnachten!«

Ich öffnete die Augen. In meiner Hand lag eine kleine Schachtel mit vier schokoladenüberzogenen Konfektstückchen. Ich zog den kleinen Schatz an mein Herz und schlang dann beide Arme um den Hals meines Helden.

»Das ist das schönste Geschenk, das ich je bekommen habe.

Es ist so schön, von dir geliebt zu werden, Jack. Ich kann es nicht glauben, dass du ganz und gar mir gehörst. Du bist das Beste in meinem Leben.«

In den folgenden Jahren verbesserten sich unsere Finanzen. Jedes Jahr zu Weihnachten wurde unser Baum schöner. Jedes Jahr wurden die Geschenke größer und teurer. Aber 34 Weihnachtsfeste lang hatte ein Geschenk den Ehrenplatz unter unserem Weihnachtsbaum. Jedes Jahr bis zu seinem Tod schenkte Jack mir seine Liebe – verpackt in eine Schachtel Konfekt. Und jedes Jahr wurde er erneut zu meinem Helden.

Jean Tomlinson
erzählte diese Geschichte Jean Matthew Hall

Die dünne Dotty und ihre kleinen Schokoladen

Eigentlich brauche ich nur Liebe, aber ein bisschen Schokolade von Zeit zu Zeit schadet auch nicht!

Lucy van Pelt
Peanuts, Charles M. Schulz

Ich wohne in einer Genossenschaftswohnung in Chelsea, New York City. Es ist hier wie in einer Kleinstadt – wir haben unsere eigene kleine Gemeinschaft. Die Hausbewohner sind fast so etwas wie eine Familie, einschließlich Tratsch und Kabbeleien, herzlichen Umarmungen und aufrichtigem Gelächter. Die dünne Dotty gehört zum engsten Kreis. Ich habe sie einmal gefragt, ob ich sie malen dürfte. Sie sagte: »Vielleicht, wenn ich jünger wäre und nicht so viele Falten hätte. Aber jetzt ist es zu spät.« Ich fragte sie, wie alt sie sei, und sie drohte mir mit dem Finger und meinte: »Das sage ich nie.« Ich vermute, dass sie 75 ist.

Dotty hat die Figur eines Bleistifts, und da, wo bei einem

Bleistift der Radiergummi wäre, ist ihr blondes Haar zu einem Knoten geschlungen. Am liebsten trägt sie Kleidungsstücke, auf denen Katzen zu sehen sind – Baseballkappen mit Katzen, T-Shirts mit Katzen, Turnschuhe mit Katzen, Socken mit Katzen und Handtaschen mit Katzen.

Dotty verbringt den größten Teil ihrer Zeit damit, sich um die Katzen anderer Leute zu kümmern und in den Wohnungen ihrer Nachbarn die Pflanzen zu gießen. Ich sehe sie oft im Eingangsbereich, im Aufzug oder im Garten. Jedes Mal, wenn ich Dotty treffe, besteht sie darauf, mir Schokolade zu geben, ganze Hände voll. Ich versuche immer, abzulehnen, denke besorgt an meine Zahnarztrechnungen und an meine Taille, aber sie ignoriert mein »Nein, danke« und steckt mir kleine Schokoladen direkt in die Tasche. Weil ich ja versucht habe, abzulehnen, brauche ich auch keine Schuldgefühle zu haben, denke ich mir dann. Ich esse jedes kleine Täfelchen langsam, ekstatisch, und genieße jedes cremige Stückchen.

Das Büro des Hausverwalters besteht aus einer abgeteilten Nische mit einem Fenster neben dem Eingangsbereich. Vor hunderttausend Jahren hat Dotty auf den Sims dieses Fensters eine Glasschale gestellt, die sie Tag für Tag mit kleinen Schokoladen füllt. Ich weiß, dass der Postbote sich immer mit beiden Händen bedient und seine Beute tief in seinen Taschen verstaut. Er denkt, ich würde ihn nicht sehen.

Violet, eine mürrische, korpulente, ungefähr fünfzigjährige Frau, die sich bei jeder Jahresversammlung der Genossenschaftseigner laut über irgendetwas beschwert, stibitzt regelmäßig mehr, als ihr zusteht. Wenn sie neben der dünnen Dotty steht, sehen die beiden aus wie die Zahl Zehn. Wenn ich in der Lobby nicht um Violet herumkomme und den Fehler begehe, sie zu fragen, wie es ihr geht, antwortet sie mit einer ganzen Litanei von Klagen.

Violet grabscht sich die kleinen Schokoladen mit vollen Händen, lässt ihre Handtasche aus falschem Schlangenleder aufschnappen, *plink, plink, plink* die Täfelchen hineinfallen und die Tasche wieder zuschnappen. Ihr ist es ganz egal, ob ich sie sehe. Wenn ich sie fragen würde, warum sie so viele nimmt, würde sie garantiert sagen: »Weil niemand weiß, wie schlecht es mir geht.«

Violet gibt dem Personal zu Weihnachten kein Trinkgeld. Dotty beschenkt die Leute und bäckt Plätzchen für sie, obwohl sie wahrscheinlich nicht gerade reich ist. Ihr Mann war sehr lange krank und ohne Arbeit. Er saß für gewöhnlich mit einem Buch auf den Knien in seinem Rollstuhl im Garten und schnarchte. Dotty kam oft nach unten und legte eine Decke über seine Knie, während er sein Nickerchen machte. Er erinnerte mich an einen alten Gartenstuhl, der seine besten Tage hinter sich hatte. Eines Abends starb Jimmy im Schlaf. Als ich in dieser Woche Dotty in der Lobby über den Weg lief, wirkte sie verstört.

»Was ist los?«, fragte ich.

»Jimmy ist gestorben«, sagte sie.

»Das tut mir leid«, sagte ich. »Sie müssen ihn schrecklich vermissen.«

»Ja, die Wohnung ist jetzt so still.« Sie verstummte und sah hinunter auf ihre Sneakers mit den Katzen darauf. Und dann, als ob jemand den Sender gewechselt hätte, wurde sie wieder fröhlicher und sagte: »Na, wie wär's mit ein bisschen Schokolade?«

Ich wollte etwas über Jimmy sagen, über ihren Schmerz, aber stattdessen antwortete ich auf ihre Frage: »Oh, nein, bitte behalten Sie sie.«

Wie üblich ignorierte sie mich und stopfte eine Handvoll Schokoladenplättchen in meine Jackentasche. Sobald ich am Aufzug war, steckte ich mir ein Stückchen in den Mund. Die Schokolade fühlte sich warm und angenehm an und zerging auf meiner Zunge. Ich fühlte mich ein bisschen besser. Langsam wickelte ich das nächste Stückchen aus. Ich hörte das Stanniol knistern und sog den betörenden Duft ein. *Schlupp*, schon war die Schokolade in meinem Mund verschwunden. Als ich in meiner Wohnung im dritten Stock ankam, hatte ich alle fünf Stückchen verputzt, und der Tag sah zu hundert Prozent rosiger aus.

Oft sah ich Dotty, wie sie mit der rot-weißen Plastiktüte vom Supermarkt kam und die Glasschale auffüllte. Einmal, als ich selbst im Supermarkt war, ging ich zum Gang mit den Süßigkeiten und war überrascht, wie teuer die Tüten mit den Schokolädchen waren. Ich fühlte mich plötzlich unbehaglich, weil die dünne Dotty sich immer um die Schokoladengelüste aller anderen kümmerte. Ich beschloss, sie zu überraschen und Schokolade für sie zu kaufen. Ich füllte meinen Einkaufswagen mit *Hershey's Kisses*, *Mini-Snickers*, *Milk Duds* und *M&Ms.*

Ich kehrte zu unserem Wohnblock zurück. Ich ging durch das rückwärtige Tor hinein, das durch den Garten ins Haus führt, und Dotty saß wie üblich auf einer Bank und schwatzte mit einer Nachbarin. Mit einem breiten, stolzen Grinsen stürzte ich auf sie zu.

»Die sind für Sie, meine Liebe«, verkündete ich und überreichte ihr die vollgestopfte Plastiktüte.

»Ach, was ist das denn? Das ist aber nett von Ihnen«, meinte sie und lächelte. Aber als sie die Tüte aufmachte, zog sie die Augenbrauen hoch, und ihr Lächeln verblasste.

»Stimmt was nicht?«, fragte ich.

»Ich mag keine Schokolade«, sagte sie.

»Aber, aber …«, stotterte ich, »warum kaufen Sie dann ständig welche für uns alle?«

»Die Leute lächeln mich dann an«, meinte sie ganz sachlich.

Ich war so verlegen, als wäre sie nackt. Ich wollte sie zudecken. Ich wollte einen Schal um ihre knochigen Schultern legen. Ich wollte ihre dünne Bleistiftgestalt umarmen und in meinem Schoß wiegen. Fast wäre ich in Tränen ausgebrochen.

Ich atmete tief durch und riss mich zusammen. Ich umarmte sie fest und sagte ihr, wie viel Glück wir alle hätten, dass sie sich um uns kümmerte. Die dünne Dotty strahlte und gab mir die große Tüte mit all der Schokolade zurück. Ich ging zur Glasschale beim Fenstersims und füllte sie bis oben hin.

Dorri Olds

Karten und Küsse

Ich glaube, die Bibel enthält einen Beweis dafür, dass es im Himmel Schokolade geben wird. In der Offenbarung 7:17 heißt es, Gott würde alle Tränen abwischen. Das ist für mich ein todsicheres Indiz.

Rhonda Rhea

Es war Valentinstag, und mein Mann und ich waren finanziell total abgebrannt. Es war nicht ungewöhnlich für uns, knapp bei Kasse zu sein. Drei Kinder vom Gehalt eines Pastors großzuziehen, bedeutete, dass das Geld oft vor dem Monat zu Ende war. Bruce, mein Mann, jammerte: »Du bist meine Valentinsfrau, und ich habe am Valentinstag nichts für dich. Ich hab kein Geld für Blumen, von Schmuck gar nicht zu reden.«

Ich wollte ihn trösten und erklärte: »Du brauchst mir doch keine teuren Sachen zu schenken. In der Kirche versuchen wir, den Leuten beizubringen, keine Schulden zu machen, weil eine Karte, die von Herzen kommt, mehr als genug ist.« Bruce beherzigte meine Antwort.

Nachdem ich am Nachmittag die Kinder von der Schule abgeholt hatte, hielt ich beim Pfarramt an. Bruce winkte mich in sein Büro und gab mir einen leuchtend roten Umschlag und eine kleine Tüte *Hershey's Kisses,* bevor er zu einer Besprechung nach unten ging. Als ich die Karte öffnete, verlor ich mich in seinen Worten und Bildern, und die Tränen stiegen mir in die Augen.

Die Sekretärin, die im Vorzimmer saß, rief nach mir und brachte mich in die Realität zurück. »Ich habe ein paar Fragen wegen der Broschüren zur bevorstehenden Frauenveranstaltung. Können Sie mir helfen?«, fragte sie. Ich legte die Karte auf den Schreibtisch meines Mannes und ging zu ihr.

Ich war maximal 20 Minuten weg, und als ich zurückkam, fand ich meine älteste Tochter Sarah wie eine Katze zusammengerollt im Lehnstuhl ihres Vaters. Sie wiegte die Karte vorsichtig in ihrem Schoß und futterte den kläglichen Rest der *Hershey's Kisses* auf. »Das ist aber eine schöne Karte, Mama«, gurrte sie, während sie mit ihren klebrigen, schokoladenverschmierten Fingern darüberstrich. »Von wem hast du sie?«

»Na, am besten von deinem Vater, wenn man bedenkt, was draufsteht«, gluckste ich.

»Das ist die coolste Karte, die ich je gesehen habe«, erwiderte sie und klimperte mit ihren blauen Augen, wie nur eine Dreizehnjährige es kann, die den Kopf voller romantischer Vorstellungen hat. Genau in diesem Augenblick kam mein Mann in sein Büro. Ich schmatzte ihm einen dicken Kuss auf jede Backe. »Wow, wofür ist das denn?«

»Der erste Kuss war für meine wunderschöne Karte, der zweite dafür, dass du unserer Tochter durch dein Vorbild beibringst, sich für einen Mann zu entscheiden, der sie liebt und verehrt«, flüsterte ich ihm ins Ohr.

»Ich sollte dir öfter Karten schenken«, meinte Bruce lächelnd.

»Und Schokolade«, scherzte ich, als ich meine Sachen zusammenpackte, um nach Hause zu fahren. Ich ließ die Karte gut sichtbar auf der Küchenanrichte stehen, um mich eine Zeitlang über sie zu freuen, bevor ich sie zur ewigen Erinnerung in meiner Andenkenschublade verstaute.

Acht Valentinstage vergingen, und die hübsche Dreizehnjährige mit den blauen Augen wurde zu einer wunderschönen Braut. Weil ich ihr etwas Altes geben wollte, das neben etwas Neuem, etwas Geliehenem und etwas Blauem ihre Hochzeitsstaffage vervollständigen sollte, öffnete ich meine Andenkenschublade, um nach Großmutters Schmuck zu suchen. Und da, direkt neben Omas Perlen, lag die Valentinskarte von damals, Schokoladenfingerabdrücke inklusive.

Die Experten haben Recht: Werte lernt man durch Vorbilder, nicht durch Worte. Sarah würde Shaun heiraten, der sie genauso abgöttisch liebte wie ihr Papa ihre Mama. Und jetzt ist es Shauns Aufgabe, seine Frau mit wundervollen Karten und Schokoladenküssen glücklich zu machen – für immer.

Linda Newton

Ein umfassendes Geständnis

Niemandem wird ein Haar gekrümmt –
wenn Sie die Schokolade herausgeben!

Karen Linaman

Ich gestehe es nicht gerne, aber ich bin so tief gesunken, tiefer geht es nicht. Ich habe etwas gestohlen – und zwar von meinen eigenen Kindern. Aber warten Sie, es kommt noch schlimmer. Ich habe meine eigenen Kinder bestohlen und dann versucht, meine Spuren zu verwischen. Und noch schlimmer. Ich habe meine eigenen Kinder bestohlen, meine Spuren verwischt und dann dieses grässliche Tun zwei Wochen lang wiederholt.

Als Lehrerin beim sonntäglichen Bibelunterricht muss ich reinen Wein einschenken.

Wenigstens habe ich gewartet, bis alle im Bett waren, und bei acht Kindern im Haus ist das nicht leicht. Während der Vollmond sein perlmuttfarbenes Licht verbreitete, schlich ich still und mit angehaltenem Atem in die Schlafzimmer meiner Kleinen und durchforschte ihre kleinen Zufluchtsorte nach geheimen Verstecken. Weil die meisten Mütter auch zum Teil Detektive sind, war das nicht sehr schwer.

Sobald ich gefunden hatte, was ich suchte, steckte ich es schnell ein und glitt aus ihrem Zimmer, während das bleiche Mondlicht auf meinem Nacken tanzte. Wie jeder Dieb Ihnen sagen wird, macht Übung den Meister, und wenn man Sie nicht erwischt, weiß niemand, dass etwas passiert ist, oder? Die ersten Nächte waren die schwierigsten, aber sobald ich mich im Stockfinsteren in ihren Schlafzimmern zurechtfand, wurde es mit jedem Mal ein bisschen einfacher, und am Ende der zweiten Woche agierte ich wie ein professioneller Dieb. Jeden Abend entschärfte ich meine Schuldgefühle durch die Rechtfertigung, ich würde von meinen Kindern nur etwas borgen und sie nicht bestehlen, denn ich würde es ihnen zurückgeben, sobald ich dazu in der Lage wäre. Mein Gewissen glaubte an diese Rechtfertigung meines abscheulichen Verhaltens, obwohl es mir auf der Stelle hätte sagen müssen, dass ich ein gravierendes Problem hatte und dringend eine Entziehungskur brauchte.

Mein Mann wurde stutzig, weil ich so viel Zeit in unserem Badezimmer verbrachte. Ich dachte, es wäre schlau, die Badewanne volllaufen zu lassen, wenn ich mich dort versteckte und das Gebunkerte aufaß. Allerdings hatte die Versorgung von acht Kindern mir vorher nie den Luxus des stundenlangen Badens erlaubt, so dass mein Verhalten nach dem siebten Abend einfach keinen Sinn mehr ergab.

Wenig später fingen meine Zehn- bis Zwölfjährigen an zu

fragen, ob ihren jüngeren Geschwistern erlaubt worden sei, ohne ihre Zustimmung ihr Schlafzimmer zu betreten. »Keinesfalls«, versicherte ich ihnen. Sie glaubten das ein paar Tage lang, fingen dann aber an, sich untereinander zu fragen, wer in welchem Zimmer gewesen war. Ihrem Gezänk und ihren fiesen Verdächtigungen folgten Schuldzuweisungen in jede Richtung – außer gegen meine Wenigkeit. Da hatte ich zum ersten Mal richtige Schuldgefühle. Zu sehen, dass meine süßen Kinder sich wegen etwas, das ihre kranke Mutter getan hatte, gegenseitig an die Gurgel gingen, fing an, von mir seinen Tribut zu fordern. Nicht jedoch so sehr, dass ich von einem auf den anderen Tag aufgehört hätte. Nein, ich brachte es fertig, diese schmerzlichen Bilder noch ein paar weitere Nächte in meinen Hinterkopf zu verbannen, während ich schändlicherweise fortfuhr, meiner haarsträubenden Gewohnheit Nahrung zu geben.

Mittlerweile fürchtete ich, für mich gäbe es keine Hoffnung mehr. Ich hätte dringend um Hilfe rufen müssen, schämte mich aber zu sehr, meine Taten zuzugeben. Ich war am absoluten Tiefpunkt angekommen. Natürlich konnte ich in den Gelben Seiten nach einer Selbsthilfegruppe suchen, aber was, wenn es schon zu spät war? Konnte ich gerettet werden? Konnte ich mich ohne dauerhaften Schaden bei allen acht Kindern rehabilitieren?

Die gute Nachricht ist – ja, ich konnte es, und ich tat es! Ich rief alle im Wohnzimmer zusammen und legte ein umfassendes Geständnis ab. Es war schwer, aber die riesige Erleichterung, die ich verspürte, sobald die Last von mir genommen war, fühlte sich sehr viel beglückender an als die kurzzeitigen Hochs, die ich in den zwei Wochen seit Halloween erlebt hatte. So etwas macht eine Schokoladenbesessenheit aus einer ansonsten ehrlichen und disziplinierten Mutter.

Schokolade ist verführerisch, dekadent, manchmal sogar berauschend und absolut notwendig, damit meine Sinne lebendig und leidenschaftlich bleiben. Ich weiß, dass ich ohne sie nicht leben kann, aber ich weiß auch, dass ich für meine Kinder ein besseres Vorbild sein muss. Ich habe ihnen versprochen: Nächstes Halloween wird alles anders. Kein Stück werde ich ihnen aus den Süßigkeitentüten klauen, die sie sich hart erarbeitet haben. Ich werde einfach ein Kostüm anziehen und mit meiner eigenen Tüte sammeln gehen. Süßes, sonst gibt's Saures!

Cheryl L. Butler

Der Beginn von etwas Köstlichem

Die erste Verwendung von Kakao ist in etwa für das Jahr 1000 v. Chr. in der mesopotamischen Kultur dokumentiert. Nach England kam die Schokolade erst Anfang des 18. Jahrhunderts, und feste Schokolade zum Essen wurde erst um 1830 entwickelt.

Alles beginnt mit dem immergrünen Kakaobaum, der in Lateinamerika heimisch ist. Die Blüten wachsen direkt aus dem Stamm, oft am unteren Teil des Baumes. Einige Blüten bringen eine fußballähnliche Frucht hervor, die wie ein Kürbis eingekerbt ist und eine rötlich gelbe Farbe hat. Für die Schokoladenherstellung werden nur die Samen, das heißt die Kakaobohnen in der Frucht verwendet. Sie werden herausgelöst, getrocknet und in der Sonne fermentiert, bevor sie zu Fabriken auf der ganzen Welt verschifft und zu Schokolade verarbeitet werden.

Die Herstellung der ungesüßten Schokoladenmasse ist recht einfach. Die Chocolatiers rösten, zerdrücken und mahlen die Kakaobohnen zwischen riesigen erhitzten Walzen. Das Ergebnis ist eine rötlich braune, satinglatte Paste, die sehr viel Kakaobutter enthält und ausgesprochen bitter schmeckt. Dieser Grundstoff der Schokolade ist ein unverfälschtes Nahrungsmittel. Den Bohnen wurde weder etwas zugefügt noch etwas weggenommen. Die Paste wird dann in Formen gegossen. Sobald sie abgekühlt und eingepackt ist, wird sie als ungesüßte Schokolade bzw. Backschokolade weiterverkauft.

Köche, Konditoren und Süßwarenhersteller geben zur ungesüßten Schokolade Zucker, Vanille, Milch, Nüsse, Früchte und alle möglichen anderen Zutaten und fabrizieren so Leckereien, die unseren Gaumen befriedigen und unsere Geschmacksknospen in den siebten Himmel versetzen.

Schildkrötengeschichten

Neun von zehn Leuten mögen Schokolade.
Der Zehnte lügt.

John Q. Tullius

Mein ganzes Leben lang haben Schildkröten mich fasziniert. Als Kind waren die kleinen silbrigen dollargroßen Schildkröten, die meine Arme auf und ab wanderten, meine Lieblingshaustiere. Mein Vater installierte in unserem Hinterhof sogar »Pats Schildkrötenranch«. Sie bestand aus einem alten Traktorreifen, der mit einer Betonlandschaft aus sanften Hügeln und zerklüfteten Felsen aufgefüllt worden war, damit die Schildkröten klettern und sich sonnen konnten.

Diesen lebendigen Schildkröten bei ihrem Treiben zuzusehen, machte Spaß, aber zurückblickend muss ich sagen, dass die besten Schildkröten meines Lebens nicht die von der Schildkrötenranch oder die Riesenschildkröten sind, die mich im Meer beim Schnorcheln begleiteten. Nein, meine Lieblingsschildkröten sind die, mit denen meine Mutter mich als Kind bekannt machte. Die, die sie außer Reichweite auf dem hohen Kühlschrank aufbewahrte. *Turtles*. Eine Leckerei aus schwerer Schokolade, Karamell und Pekannussstückchen, die so gut ist, dass sie zu den elementarsten Dingen gehört, die mich glücklich machen.

Wieder war es mein Paps, der Schildkrötenranch-Erbauer, der den Schokoladenschildkröten einen großartigen Start verschaffte. Sie waren die Lieblingssüßigkeit meiner Mutter, und im Allgemeinen kaufte mein Vater zu ihrem Geburtstag im November, zum Valentinstag, zu Ostern und zu ihrer beider Hochzeitstag im Mai für sie eine Packung *Turtles*, die meine Mutter zur sicheren Verwahrung sofort oben auf den hohen Kühlschrank legte. Wenn sie in freigiebiger Stimmung war, schenkte sie mir eines dieser speziellen Schokoladenstückchen.

Das war immer ein ganz besonderer Tag. Ich biss ein winziges Eckchen ab und ließ mir den Milchschokoladenüberzug auf der Zunge zergehen. Dann die Karamellmasse, klebrig, süß und zum Schmatzen gut. Schließlich die knusprigen Pekannussstückchen. Himmlisch!

Viele Jahre lang aß ich kaum *Turtles*, weil sie mich zu sehr an meine Mutter erinnerten, die starb, als ich gerade 34 war. Aber aus irgendeinem Grund und ohne von meiner Vorliebe für diese Köstlichkeit zu wissen, kaufte mein ältester Sohn Michael mir eines schönen Jahres zu meinem Geburtstag im Oktober meine eigene Packung *Turtles*.

Wie meine Mutter platzierte ich sie liebvoll oben auf dem Kühlschrank. Zum Glück war mein Nest inzwischen leer, so dass ich mich nicht verpflichtet fühlte, meinen Schatz mit irgendjemandem zu teilen. Ich lernte sogar, meine *Turtles*-Ration auf ein Stückchen Konfekt pro Tag zu beschränken.

Ich schwärmte Michael so von den *Turtles* vor, dass er mir im selben Jahr zu Weihnachten eine weitere Schachtel schenkte. Bei meinem nächsten Besuch in Wisconsin wartete sogar bei ihm zuhause eine Schachtel auf mich.

Heute bin ich immer noch ein *Turtles*-Hamsterer und freue mich auf jeden Feiertag, der Michael an meine Vorliebe für diese Süßigkeit erinnern könnte. Ich mag die lebendigen, crackermampfenden Schildkröten im Schildkrötenpark nicht weit von meinem Zuhause in Florida nach wie vor, aber ich muss sagen, dass mir die im Mund schmelzenden, traumhaft cremigen *Turtles*, mit denen Michael mich ab und zu überrascht, immer noch und jederzeit die liebsten sind.

Das Leben ist schön, wenn man von Schildkröten umgeben ist, lebendigen und anderen.

Patricia Lorenz

Eine Tradition entsteht

Vor über 70 Jahren sagte ein Arbeiter der DeMet's- Schokoladenfabrik, die 1988 von der Firma Nestlé und 2007 von der Gesellschaft Brynwood Partners VLP übernommen wurde, zu einem Kollegen, die neue Süßigkeit der Firma, ein Originalrezept aus echter Milchschokolade mit cremigem Karamell und frischen Pekannüssen, würde einer Schildkröte ähneln. Der Name blieb.

»Alice, du solltest wirklich die Schokoschildkröten sein lassen!«

Ein Mann will Schokoladen-gleichberechtigung

Schokoladenüberzogene Rosinen, Kirschen, Orangenscheiben und Erdbeeren gelten als Obst, also essen Sie davon, so viel Sie wollen.

Verfasser unbekannt

Alles begann, als ich eine dieser winzigen mundgerechten *Dove-Promise*-Pralinen aufmachte – Sie wissen schon, das sind die, die einzeln in liebesromanrotes Stanniol gewickelt sind. Auf der Innenseite der Verpackung ist immer eine Botschaft gedruckt, und meine lautete: »Nehmen Sie heute ein ausgiebiges Schaumbad.« In diesem Augenblick kam mir der Gedanke: Warum muss gute Schokolade sich feminin präsentieren? Ich meine, vielleicht bin ich ein männlicher Schokoholiker, und warum schließt das Schokoladen-Marketing mich aus? Warum muss ich Fragen beantworten wie: »Wie wäre es heute mit einem neuen Kleid?«, oder werde angewiesen:

»Umarmen Sie sich heute ganz fest. Es tut einfach gut«, wenn man mir auch etwas raten könnte, das meiner männlichen Natur eher entspricht? Ich beschloss, dass es an der Zeit war, dass ein Mann eine Lanze für die Schokolade brach.

Nur um das klarzustellen: Wenn ich von Schokolade rede, meine ich die kräftige dunkle Schokolade. Nicht den blassen, ausgedünnten, enttäuschend wächsernen Geschmack der silberfolienverpackten Osterhasen oder Schokoladenherzen. Ich rede von jener dunklen Schokolade, die Ihnen das Gefühl vermittelt, Sie hätten gerade eine Ladung handverlesener Kakaopflanzensamen gegessen, die aus dem kolumbianischen Dschungel direkt an Ihre Haustür geliefert wurden – auf einem Esel, versteht sich. Ich rede von einem Geschmack, der sich im Mund hält und das Gehirn mit Kakao-Flavonolen überflutet.

Aber wenn Sie sich die Werbespots im Fernsehen ansehen, begegnen Ihnen nur Scharen von Frauen in Dessous oder schicken Klamotten mit Prada-Stilettos, die zierlich an ihrer Schokolade knabbern und vor Wonne die Augen schließen, wenn sie, und nur sie allein, die geheimen Genüsse von *Dove* oder *Godiva* erleben dürfen.

Ich schlage eine Befreiung vor, und sie beruht auf einem einfachen Prinzip: Auch ein Mann sollte Schokoladenrechte haben. Ich wünsche mir *Dove Bites* für Männer, bei denen innen auf der schwarzen Folie Botschaften für Machos gedruckt sind. Warum sollten auf den Dove-für-Männer-Verpackungen nicht Sätze stehen wie: »Heute ist Hantel-Tag, Mann«, oder: »Schlag dir mit der Faust auf die Brust. Es tut einfach gut.« Es könnte

Sprüche für Sportfans geben, etwa: »Los, schlag ein paar Eishockey-Pucks «, oder: »Lust auf Kickboxen heute?« Für große Denker könnte es quasiphilosophische Botschaften geben, zum Beispiel: »Eine kleine Schokolade für den Mann, eine große Schokolade für die Menschheit.« Dem Autofan könnte die Verpackung verkünden: »In naher Zukunft wartet ein Ford 450 Pickup auf dich«, oder: »Hast du heute schon dein frisiertes Cabrio umarmt?«, oder: »Wäre es nicht an der Zeit, deine Karre bei einem Demolition Derby zu Schrott zu fahren?«

Wenn wir auf diese Weise einen Gleichstand herstellen würden, müsste ein Mann keine Schuldgefühle haben, wenn er zu Wal-Mart geht, sich bei den Regalen mit den Süßigkeiten umsieht und dann bei der Kassiererin verlegen mit den Achseln zuckt, während ein halbes Dutzend Tüten mit Bitterschokolade über das Transportband gleiten. Mein Aktionsplan ist einfach, aber gerecht: Schokolade für einen, Schokolade für alle. Damit in unserer Gesellschaft ein Gleichgewicht entsteht, brauchen wir gleichwertige Schokoladenhappen. Wir müssen gewissermaßen schokoladisch korrekt sein. Nur dann wird ein Mann noch direkt auf dem Parkplatz mutig die Zellophanhülle von der 300-Gramm-Packung reißen, sich ein paar Stückchen Schokolade in den Mund werfen und der Menge der überrascht aufblickenden, fassungslosen Passanten stolz verkünden können: »Frei, endlich frei. Dank Bitterschokolade bin ich endlich frei!«

Bill Meissner

Kirschen in Schokolade

Mit der Schokolade hat die Natur einen Weg gefunden, den Montag wettzumachen.

Verfasser unbekannt

Die Arbeit als Kegelaufsteller in einer Bowlingbahn brachte mir 1949 gigantische 48 Cent pro Stunde ein. Innerhalb von zwei Stunden konnte ich somit genug verdienen, um meiner Mutter zum Geburtstag eine Schachtel Süßigkeiten zu kaufen, und hätte dann sogar ein bisschen was übrig. Die Centennial Bowlingbahn in meiner Heimatstadt East Detroit im US-Bundesstaat Michigan zahlte am Ende des Arbeitstages zwölf Cent pro Spiel bar auf die Hand. Automatische Kegelaufsteller gab es damals noch nicht. Ich war 13, und ich brauchte 69 Cent für eine Schachtel Kirschen mit Schokoüberzug, die es in Cunningham's Drugstore zu kaufen gab, einem Laden, an dem ich auf dem Weg von der Schule nach Hause oft einen Stopp einlegte.

Jeden Tag stand meine Mutter am Herd und bereitete die Mahlzeiten für alle Personen im Haushalt zu – für sechs Kinder, sich selbst und Opa. Opa wohnte bei uns, seit Oma gestorben war. Würde meine Mama nicht gern etwas essen wollen, das sie ausnahmsweise einmal nicht selbst zubereitet hatte? So dachte ich, und ich hatte einen Plan, wie ich diese Pralinés würde kaufen können.

An dem Sonntag, an dem meine Mutter Geburtstag hatte, gingen wir morgens alle in die Kirche. Aber anstatt anschließend mit nach Hause zu kommen, ging ich direkt zur Bowlingbahn und trug mich als Kegelaufsteller ein. Dann setzte ich mich zu einer Gruppe von anderen potenziellen Kegelaufstellern. Dummerweise tauchten an diesem Sonntag im Mai keine Bowlingspieler auf. Um vier Uhr nachmittags löste der Chef Kreuzworträtsel, also meldete ich mich ab und machte mich auf den Heimweg.

Enttäuscht blieb ich beim Laden stehen, um zu sehen, ob sie dort einen Job für mich hatten, mit dem ich mir eine Schachtel mit den schokoladenüberzogenen Kirschen verdienen könnte. Ich hatte kaum die Tür aufgemacht, als mein jüngerer Bruder hereinstürmte. Er sagte, Mama hätte überall nach mir gesucht, weil ich vom Gottesdienst nicht nach Hause gekommen war. Au weia. Ich sah meine Mutter schon vor mir, wie sie alle Krankenhäuser und Polizeistationen nach mir absuchte.

Unser schwarzer Hudson Baujahr 1941 parkte auf dem Bordstein. Zehn Paar Augen, die meinen fünf Geschwistern gehörten, beobachteten ängstlich, wie ich näher kam. Ich spürte, wie sie dachten: *Johnny wird Ärger kriegen. Johnny wird Ärger kriegen.* Na schön, es wäre nicht das erste Mal. Mama führte die

Familie mit fester Hand. »Wo warst du?«, fragte sie, und ihre Lippen waren zwei dünne Striche.

»Auf der Bowlingbahn.«

»Du hast Geld beim Bowling verschleudert?«, fragte sie streng.

»Ich wollte einen Job bekommen und Kegel aufstellen.«

»Du bist noch nicht alt genug für eine Arbeitserlaubnis. Man muss 14 sein.«

»Man braucht keinen Ausweis, um Kegel aufzustellen.«

»Du solltest nicht am Sonntag arbeiten«, sagte sie mit schriller Stimme.

»Ich wollte Geld verdienen, um ein Geschenk zu kaufen«, erklärte ich. »Eine Schachtel Kirschen mit Schokoüberzug mit einem roten Band darauf.«

»Ein Geschenk? Für jemanden in der Schule?«

»Für dich, Mama. Heute ist dein Geburtstag.«

Fassungslos ist das einzige Wort, mit dem sich die Reaktion meiner Mutter beschreiben lässt. Zuerst versteifte sich ihr Körper. Dann ließ ihre Anspannung nach, aber sie weinte nicht. Meine Mutter weinte nie. Nicht, als ihre Mutter umgebracht wurde, und auch nicht, als mein Vater kurze Zeit später starb. Nicht, als die Sozialarbeiter kamen und davon sprachen, uns Kinder in verschiedene Heime zu bringen. Noch nicht einmal, als sie dachte, die Bank würde ihr das Haus wegnehmen. Meine Mutter war hart im Nehmen, aber an diesem Geburtstag wurden ihre haselnussbraunen Augen richtig groß … und feucht. Aber sie weinte nicht.

»Es tut mir leid, dass ich dir einen Schrecken eingejagt habe,

Mama«, sagte ich. »Ich wollte nur für deinen Geburtstag etwas Nettes tun.« Sie saß da und sah mich an, die Erwachsene das Kind, die Mutter den Sohn, und es war der intensivste, eindringlichste Augenblick, den wir je miteinander hatten. Ein Band wuchs. Langsam entspannte sie sich. Ihr Geburtstagsgeschenk sollte sie glücklich machen, und das tat es schließlich auch, aber nicht auf die Weise, die ich geplant hatte. Wir alle waren von ihrem Schweigen berührt, die Kinder auf dem Rücksitz genauso wie die auf der vorderen Sitzbank.

Ich stieg ein und schloss die Fahrzeugtür. Schweigend drehte Mutter den Zündschlüssel, drückte den Anlasser und brachte den Motor zum Laufen. Sie betätigte die Gangschaltung und die Kupplung, und bald rollten wir die Nine Mile Avenue hinunter nach Hause. Erst als wir fast an unserer Abbiegung waren, begann sie zu sprechen.

»Als ich in Kanada auf dem Land groß wurde«, sagte sie mit weicher Stimme, »waren Geburtstage sehr wichtig. Mein Vater bastelte uns Spielzeug – einen Schlitten oder einen Wagen. Verwandte kamen zu Besuch. Egal, wie arm wir waren oder wie beschäftigt sie war, meine wunderbare Mama backte immer einen Kuchen. Das war um 1923. Meine Mutter sammelte die Eier ein, siebte das Mehl und legte Holzscheite in den Ofen. Damals gab es kein Thermostat. Sie knapste sich hier und da ein bisschen Zeit ab und strickte mir Fäustlinge oder eine kleine Puppe oder irgendetwas anderes, damit ich mich wie etwas Besonderes fühlte. Wir hatten damals keine Geburtstagskerzen, also steckte sie lange Streichhölzer in den Kuchen. Sie hat so viel für mich getan …« Mama atmete tief durch.

»Das ist mein erster Geburtstag ohne meine Mutter. Ich hab den ganzen Tag an sie gedacht, und als du nicht nach Hause gekommen bist … sie fehlt mir so.«

Jetzt war ich den Tränen nahe. »Vielleicht sollte ich einen Kuchen backen.«

»Ach nein«, sagte Mama. »Was du getan hast … arbeiten zu gehen, um mir etwas zu kaufen. Das bedeutet, dass du mich lieb hast. Ich brauchte diese Gewissheit. Seit langer, langer Zeit hat niemand etwas so Nettes für mich getan. Dieses Süßzeug mit dem roten Band hätte mir gut gefallen.«

»Alles Gute zum Geburtstag, Mama!«, sagten wir alle im Chor. Wir sangen das Geburtstagslied, während Mama in die Auffahrt bog.

Im Lauf der Jahre feierte Mama viele weitere Geburtstage, und wir Kinder ehrten sie mit Festen, Geschenken und Torten mit richtigen Kerzen. Mama saß immer auf dem Ehrenplatz und sagte: »Ich habe Engel bekommen! Alle meine Kinder sind Engel!«

In ihren späteren Jahren schrieb ich meiner Mutter, weil ich Informationen für einen Familienstammbaum sammelte. Sie schickte mir Namen, Daten und Bilder, die mir weiterhalfen. Und Mama erzählte in ihren Briefen oft von dem Bowlingbahnjob, den ich nie bekam, und den Kirschen mit Schokoüberzug, die ich nie kaufte:

Du wolltest die Kegel aufstellen, damit du mir diese Schachtel Kirschen mit Schokoladenüberzug und dem roten Band kaufen konntest. Das war das schönste Geburtstagsgeschenk von allen.

In meiner Familie sind Geburtstage nicht nur Zahlen neben Namen. Wir haben gelernt, dass es das Wichtigste ist, an den Geburtstag zu denken – das bleibt in Erinnerung.

John J. Lesjack

Oh, Fudge!

Was Sie vor sich sehen, mein Freund,
ist das Ergebnis des lebenslangen Genusses von Schokolade.

Katherine Hepburn

An einem heißen Sommerabend des Jahres 1947 saßen drei ziemlich gelangweilte Studentinnen – meine Schwester Betty, unsere Zimmergenossin Christy und ich – in unserem Zimmer im Studentenwohnheim und starrten uns an. »Ich sehne mich so danach«, bekannte ich, »na ja, ihr wisst schon, was Lustiges zu machen.« Schließlich war das Sommersemester nicht die angenehmste Zeit, um sich auf Bücher, Referate und Examina zu konzentrieren. Nicht, wenn wir schwimmen, Spaß haben und picknicken konnten. Der Kurs in englischer Literatur war jedoch eindeutig weder Picknick noch Party. Und dieses uralte Wohnheim in einer schläfrigen Collegestadt in Kentucky hatte auch nicht gerade etwas Picknickartiges – vor allem nicht ohne Klimaanlage unter dem Dach.

»Ach ja, ich auch«, kam es wie ein Echo von Betty. »Außerdem hab ich riesigen Hunger. Los, wir machen Fudge.«

»Fudge?«, kreischte Christie. »Ich liebe Fudge! Aber damit wir welches bekommen, dazu müsste ein Wunder geschehen.«

Betty grinste und legte einen Finger an ihre Lippen. »Das Wunder ist im Anmarsch. Versprecht, dass ihr nichts verratet«, sagte sie und hob die Bettdecke hoch, die zu beiden Seiten ihrer schmalen Wohnheimpritsche bis auf den Boden hing. Hinter ihren Schuhen, Koffern und all dem anderen, was dort versteckt war, zog sie etwas hervor, das nicht weniger erstaunlich war als ein Zauberstab: einen alten Kochtopf, einen Messbecher, einen Löffel – und eine elektrische Kochplatte.

»O verdammt!«, rief Christy.

»Aber wir dürfen hier keine Kochplatten anschließen«, warnte ich.

»Ach, das eine Mal ist es doch egal«, entschied Christy. »Denkt doch bloß mal dran: Fudge, richtiges Fudge. Mürbes mjam-mjam-Schokofudge, das im Mund zerschmilzt. Läuft euch da nicht das Wasser im Mund zusammen?«

»Aber woraus sollen wir es machen?«, fragte ich.

»Erinnert ihr euch an die Geschichte von der Steinsuppe?«, grinste meine Schwester. »Die Leute wollten Suppe machen, hatten aber nur einen Stein, den sie in den Topf legen konnten. Die Stadtbewohner fingen einer nach dem anderen an, etwas dazuzutun, bis sie schließlich eine richtige Suppe hatten. Also warum sehen wir nicht mal nach, was die anderen Mädels auf unserem Flur beisteuern können?«

Sofort schwärmten wir aus und machten uns auf die Suche nach den fehlenden Zauberzutaten. Das Essen in der Cafeteria war unübertroffen fade, und abends hatte kein Kiosk geöffnet. Um nicht zu verhungern, hatten die meisten unserer Mitbewohnerinnen deshalb Lebensmittel aus den lokalen Supermärkten in ihren Zimmern gebunkert.

Ein Mädchen hatte eine Dose Kakao, ein anderes eine Flasche Sirup, wieder ein anderes ein Stück Margarine. Mehrere hatten Zucker. Eine hatte sogar ein bisschen Milch, die sie zum Füttern unserer Wohnheimkatze aufbewahrte.

»Das wär's!«, rief Betty. »Jetzt können wir Fudge machen!«

Allerdings kam sie mit diesen Schätzen nicht allein zurück – auch die Spenderinnen waren dabei. Und außerdem alle anderen Mädels von unserem Flur. Bald köchelte in dem alten Topf ein wunderbares Gebräu. Als die Masse schließlich die erforderliche Temperatur erreicht hatte, giggelten alle vor Freude.

Der Raum war angefüllt mit dem berauschenden Geruch der Schokolade, er wehte hinaus durch die geöffneten Fenster und das altmodische Schlüsselloch. Und plötzlich …

»O nein!«, schrie ein Mädchen. »Ich höre Miss Snorkel die Treppe hochkommen! Sie muss die Schokolade gerochen haben.«

Das Wohnheim hatte keinen Aufzug, und die alten Treppenstufen zum ersten Stock knarrten bei jedem Schritt der schweren Füße unserer Hausmutter. Sie war alt und streng. Sie konnte uns allen Arrest aufbrummen.

Betty schob schnell die elektrische Kochplatte mit Topf und allem Drum und Dran unter ihr Bett. »Versteckt euch«, zischte Christy.

Aber es war zu spät. »Betty, Bonnie, Christy, seid ihr da?«, blaffte unsere Hausmutter.

Und dann rumpelte sie herein und sah sich einem ganzen Raum entsetzter Mädchen gegenüber. Die Kochplatte konnte sie nicht sehen, aber der Schokoladenduft war überwältigend. Das Elektrokabel schlängelte sich von der Steckdose in der Wand verdächtig unter die Bettdecke meiner Schwester.

Missmutig sah sie jede von uns an. Plötzlich lachte sie laut auf. »Ich hab auch immer gern Fudge gegessen, Mädchen«, verkündete sie. »Denkt daran, die Kochplatte abzuschalten, wenn ihr fertig seid.« Dann schloss sie die Tür und rauschte davon.

Es war das köstlichste Fudge, das ich je im Leben gegessen habe – auch wenn ich nicht viel davon abbekam, weil wir so viele waren. Wir brachten sogar ein Stück nach unten zu Miss Snorkel. Sie antwortete nicht, als wir an ihre Tür klopften, und deshalb ließen wir es vor der Tür liegen. Am nächsten Morgen war das Stück weg. Sie spazierte den ganzen Tag mit einem kleinen Klecks Schokolade auf ihrem breiten Kinn herum. Er saß direkt unter ihrem Lächeln.

Bonnie Compton Hanson

Süßer Schokoladen-Sonnenschein

Kraft ist die Fähigkeit, einen Schokoriegel mit bloßen Händen in vier Teile zu brechen – und dann nur ein einziges Stück zu essen.

Judith Viorst

Hier in Indien ist der Kauf eines Schokoriegels für ein reiches Kind etwas ganz Alltägliches, aber für ein armes Kind ist so ein Riegel Manna. Ein armes Kind kann es sich nicht leisten, die jämmerlichen fünf Rupien für dieses süße Objekt seiner höchsten Begierde auszugeben. Schokolade ist in diesem Land ein Privileg der Reichen. Die Armen haben keine Schokolade. Für sie existiert Schokolade einfach nicht.

Die Straßen von Kalkutta sind voll von bettelnden Kindern. Ich gebe ihnen kein Geld, weil ich weiß, dass das meiste davon sowieso nicht ihnen zu Gute kommt, doch die Traurigkeit in ihren Augen zerreißt mir das Herz. Wenn ich ein kleines Kind sehe, das bettelt, gebe ich ihm statt Geld einen Schokoriegel. Ein Junge, der vor meinem College steht, hat sich mit mir angefreundet und sagt jedes Mal, wenn ich an ihm vorbeikomme: »Hallo!« Wie ich sehr viel später herausfinden sollte, ist sein Name Raja.

Eines Tages kaufte ich ihm aus einem Impuls heraus einen Schokokaramellriegel. Als er ihn aus meiner Hand nahm, begannen seine Augen zu strahlen. Und als er ihn in seinen Händen hielt, war es, als würde er Gold berühren. Dankbarkeit überwältigte ihn, und er wurde verlegen und rannte weg, nicht ohne vorher ein aufgeregtes »Danke, Didi!« zu murmeln. In Hindi bedeutet *didi* so viel wie ältere Schwester.

Ich war ein wenig überrascht von seiner riesigen Freude und beobachtete ihn ein Weilchen, während er den Riegel stolz seinen Freunden zeigte. Einige rissen bloß staunend die Augen auf, aber die Frecheren versuchten, sich die Leckerei zu schnappen, was ihnen offenbar nicht gelang. Nachdem seine anfängliche Euphorie abgeklungen war und die anderen Kinder anfingen, sich zu langweilen, und weggingen, rief er sie zurück. Langsam entfernte er die dünne Verpackung, so dass die dunkelbraune Schokolade sichtbar wurde, die anderen sahen in gebanntem Schweigen zu und leckten sich die Lippen.

Was für ein Angeber, dachte ich. Aber genau in diesem Augenblick tat er etwas, das ich mir nie hätte träumen lassen. Er brach den Riegel in fünf gleich große Stücke und verteilte sie unter seinen Freunden, die ihn jetzt wie einen Halbgott behandelten. Ich hatte gedacht, der kleine Junge würde die Schokolade, diesen seltenen Genuss, ganz für sich behalten wollen.

Danach habe ich ihm noch oft Schokoriegel gekauft, und eigentlich dachte ich, nach einer Weile würde er habgierig werden – aber er teilte sie immer gerecht mit all seinen Freunden. Ich habe sogar einen wirklich kleinen Riegel nur für ihn gekauft, aber irgendwie hat er es geschafft, dass auch davon alle einen Bissen abbekamen.

Eines Tages fragte ich ihn, bevor ich ihm die Süßigkeit gab, warum er sie immer teilte. Er antwortete so sachlich, dass ich mich ein bisschen schämte. Er sagte einfach: »Didi, sie sind meine Familie. Wir sind dafür da, alles zu teilen, egal, ob es groß oder klein ist. Ich könnte mir nichts vorstellen, was ich nicht mit ihnen allen teilen würde. Warum fragst du? Würdest du es mit deiner Familie oder deinen Freunden nicht genauso machen?« Und damit nahm er mir den Schokoriegel aus der Hand, rief ein begeistertes »Dankeschön!« – seine Schüchternheit hatte sich im Lauf der Wochen gelegt – und hüpfte den Gehsteig entlang, um seine Familie zu suchen.

War ich egoistisch geworden? Beschäftigte ich mich so sehr mit mir selbst, dass es mir gar nicht einfiel, meine Freuden, meine Besitztümer, meine Errungenschaften, meinen Kummer, meine Misserfolge … mein Leben zu teilen? Kümmerte ich mich eigentlich um jene Menschen, die ich am meisten liebte? Dachten sie überhaupt an mich, wenn sie etwas zu teilen hatten, oder behielten sie es einfach für sich? Rajas Worte gingen mir nicht aus dem Sinn.

Manchmal bringen kleine Taten Sonnenschein in das Leben eines anderen Menschen, und dieser Sonnenschein fließt automatisch über … hinein in unser eigenes Leben.

Radhika Basu Thakur

Bittersüßer Geburtstag

Anderes ist bloß essbar.
Aber Schokolade ist Schokolade.

Patrick Skene Catling

Am ersten Geburtstag meiner Tochter Emma betrug die Temperatur fünf Grad unter null, was für Januar in Minnesota normal ist. Ich war entschlossen, ihr eine gigantische Schokoladentorte zu backen. (Wahrscheinlich fragen Sie sich jetzt, ob der Kuchen wirklich für die Einjährige oder eher für die schokoladensüchtige Mama war.)

»Mama, wir können für Emma keinen Kuchen backen«, schrien meine älteren Kinder, die zum Kühlschrank gestürzt waren und ihren Beitrag zur Geburtstagsüberraschung leisten wollten. »Wir haben keine Eier mehr.«

»Wir fahren einfach zum Laden an der Ecke, kaufen Eier und backen schwuppdiwupp diesen Geburtstagskuchen«, erklärte ich und packte alle drei Kinder in ihre Mäntel, Mützen, Handschuhe und Stiefel.

Wie konnten diese Kinder bloß denken, eine Bagatelle wie

fehlende Eier könnte Emmas Geburtstagsfeier aufhalten? Meine Liebe zur Schokolade war größer als alle Hindernisse. Ich schaufelte die 15 Zentimeter hohe Schneedecke weg, die sich auf der Zufahrt angesammelt hatte, grub Emma aus einer Schneewehe und führte die Parade zu unserem alternden Pontiac an. Emma würde ihre Schokoladengeburtstagstorte bekommen, Schnee hin oder her.

Unser Auto indes hatte andere Pläne. Es ächzte und hustete wie eine kranke Katze, der Motor weigerte sich anzuspringen. Wir saßen ohne Geburtstagskuchen in einem Schneesturm fest. Mit vor Enttäuschung nassen Augen sah ich durch das Schneegestöber zu unserem örtlichen Minimarkt, der nur ein paar Wohnblocks entfernt war.

Unter ähnlichen Umständen würde ich heute, ein paar Kinder später, die Achseln zucken und sagen: »Machen wir zum Geburtstag eben einen Schokoladenpudding.« Vielleicht würde ich eine Nachbarin anrufen und ein paar Eier schnorren. Aber damals war ich jung, enthusiastisch und eigensinnig. Und ich hatte unbändige Lust auf Schokoladenkuchen.

Plötzlich flackerte in mir irgendein mütterlicher Instinkt auf, der vom Wahnsinn nicht weit entfernt war. Dass ich diese Eier bekam, wurde zu meinem persönlichen Eroberungsfeldzug, zu so etwas wie einer gigantischen Bergbesteigung. Nichts – weder fünf Grad Minus noch eine leere Autobatterie – würde mich davon abhalten, diesen Schokoladengeburtstagskuchen für mich … äh, Emma, zu backen.

»Wir können doch mit dem Schlitten fahren«, bot meine Fünfjährige an.

»Jau«, stimmte ich zu, »Schlittenfahren ist genau das Richtige.« Ich packte die älteren Mädchen in unseren pinkfarbenen Plastiktoboggan und stapfte durch die kniehohen Schneewehen wie ein stumpfsinniges Arbeitspferd vor einem armseligen pinkfarbenen Plastikpflug.

Emma, das Geburtstagsmädchen, hatte ich wie ein Paketchen vor mich geschnallt, eingepackt in einen klitzekleinen Schneeanzug und eine Flanelldecke. Sie weinte schon, bevor wir unseren Briefkasten erreicht hatten. »Alles in Ordnung, Emma Bemma«, tröstete ich sie. Sie lugte unter ihrer Decke vor, und ich küsste sie auf ihre festen kleinen Backen. Sie hörte auf zu weinen, wenn ich sie küsste, also küsste ich sie ganz oft.

Wir schafften es zum Laden und kauften ein Dutzend große Eier Güteklasse A. Meine tauben Finger kippten das Kleingeld auf den Kassentisch, und dann traten wir den Heimweg an. Unter meiner Jacke döste Emma, wie eine Puppe wohlig zwischen meine warmen Brüste geschmiegt. Meine anderen zwei Mädchen kicherten, ließen sich herunterfallende Schneeflocken schmecken und ihre fäustlingsbewehrten Händchen neben dem Schlitten über den Schnee gleiten, als wäre er der weiße Zuckerguss auf einem Kuchen.

Ich für mein Teil zog die Last und schnaufte wie die dicke Dame, die auf der Hochzeit ihres Vetters tanzt. Zu Hause hielt Emma-Baby ein Schläfchen, während die anderen Kinder mir halfen, die fantastischste Schokoladentorte zusammenzupantschen, die man sich vorstellen kann. Emma würde ihren Geburtstagskuchen bekommen.

Später an diesem Abend, als unsere kleine Familie beim

Schein einer einzigen Kerze »Zum Geburtstag viel Glück« zirpte, fiel mir auf, wie rosig Emmas Backen aussahen. Perfekte feuerrote Kreise klatschten an den Stellen, an denen ich ihr in der Kälte meine Küsse aufgedrückt hatte, auf ihrem Kinn. Meine feuchten, gut gemeinten Küsse hatten im Gesicht meines Kindes zu Erfrierungen geführt. Außer der besten Schokoladentorte im ganzen Mittleren Westen hatte ich meinem Baby zum ersten Geburtstag Frostbeulen geschenkt.

Im März dieses Jahres werden wir den ersten Geburtstag meines Sohnes feiern. Wir werden das Mittagessen für eine Meute von Kleinkindern servieren, die mit Zucker vollgedröhnt sind, und ein paar bunt eingepackte Päckchen aufreißen: Kipplaster, Actionfiguren, Bücher. Dann das große Finale – der Geburtstagskuchen. Ich werde stolz mit einer exquisiten Schokoladentorte mit einer einzigen flackernden Kerze darauf herumgehen. Mein kleiner Junge wird strahlen bei so viel Liebe, Zuneigung und Aufmerksamkeit. Er wird seinen Kuchen lieben.

Und machen Sie sich keine Sorgen, dieses Mal habe ich an alles gedacht. An seinem ersten Geburtstag, egal, welche Streiche Mutter Natur spielen mag, wird mein Sohn in eine saftige, üppige Schokoladentorte eintauchen. Wahlweise mit Mokka-, Halbsüß-, Zartbitter- oder Edelbitterschokoladenglasur. 24 Zentimeter Durchmesser für zwölf Personen. Die Spezialität in diesem Monat. Am Geburtstag dieses Babys liefert der Lebensmittelladen zum Glück die Ware aus.

Cristy Trandahl

Das Leben ist kurz – essen Sie Schokolade

Wir Schokoladenfans essen Schokolade, egal, ob das gut für uns ist oder nicht. Aber wenn eine Studie über Schokolade aufzeigt, dass Schokolade sehr wohl gut für uns ist, ist das wie Weihnachten und Ostern zusammen. Es bedeutet: mehr Lust, weniger Schuldgefühle. Hier nur einige dieser fabelhaften Entdeckungen:

- Schokolade enthält viel Phenol, das dazu beiträgt, Herzkrankheiten zu bekämpfen.
- Wenn wir Schokolade essen, produziert unser Gehirn die Wohlfühlsubstanz Serotonin.
- Drei chemische Substanzen, die sich insbesondere in dunkler Schokolade finden – Epicatechin, Gallsäure und Flavonoide – schützen das Herz und senken den Blutdruck. Weil Schokolade aber auch viel Zucker und Fett enthält, sollten Sie Ihre Kalorienzufuhr in anderen Bereichen zurückfahren, damit Sie jeden Tag ein Stückchen Schokolade essen können.
- Schokolade verursacht keine Akne. Reine Schokolade enthält Antioxidantien, die sogar dazu beitragen, den Teint zu verschönern. Manche Experten glauben, dass die Milch in der Schokolade der Akne-Sündenbock ist.
- In der Forschung gibt es Belege dafür, dass flavonolreicher Kakao die neurovaskuläre Aktivität stimuliert und dadurch die Gedächtnis- und die Aufmerksamkeitsleistung verbessert.
- 30 Gramm Schokolade enthalten nicht mehr Koffein als eine Tasse koffeinfreier Kaffee.
- Schokolade löst die Ausschüttung von Endorphinen aus, die die Schmerzempfindlichkeit des Körpers reduzieren.

- Zu den gesundheitlichen Beschwerden, die mit Schokolade behandelt wurden, gehören Anämie, Appetitmangel, geistige Erschöpfung, Tuberkulose, Fieber, Gicht, Nierensteine, vorzeitige Alterungsprozesse und fehlende sexuelle Lust.
- Eine Studie der Cornell University hat ergeben, dass heißer Kakao fast zweimal mehr Antioxidantien enthält als Rotwein und dreimal mehr als grüner Tee.

Eine Fünf-Cent-Münze und Schokotorte mit Schokoriegelguss

Was soll man in einer Schlacht schon mit Patronen anfangen?
Ich habe stattdessen immer Schokolade dabei.

George Bernard Shaw

Ich wohnte mit meinen Eltern auf dem gleichen Bauernhof wie meine Großeltern, aber in einem eigenen Haus. Die Mutter meiner Großmutter starb, als ich zwei Jahre alt war. Oma sprach nie über ihre Familie, und deshalb nahm ich an, sie hätte keine.

Eines Sonntagabends nach dem Melken ließen wir die Milch durch die große Milchzentrifuge laufen, als sie sagte: »Heute habe ich den allerbesten Kuchen gegessen. Er war aus dunkler Schokolade mit Schokoriegelguss.«

»Was ist ein Schokoriegelguss?«, fragte ich, während mir das Wasser im Mund zusammenlief und mein Gehirn sich dieses

Meisterwerk vorstellte. Ich fing an mir zu überlegen, wie ich etwas davon bekommen könnte.

»Gertie hat mich heute besucht. Sie hat schon immer die besten Kuchen gebacken und macht eine Glasur aus Schokoriegeln, die einfach himmlisch ist«, antwortete meine Oma, während sie einen weiteren Eimer Milch in den Filter oben auf der Zentrifuge schüttete. Als sie sich an die Wand lehnte, glaubte ich in ihrem Augenwinkel eine Träne zu erkennen.

»Wer ist Gertie?«, fragte ich.

Sie erzählte mir, Gertie sei ihre einzige noch lebende Schwester, und seit der Beerdigung ihrer beider Mutter vor 15 Jahren hätten sie nicht miteinander gesprochen, obwohl sie sich als Kinder sehr nahe gestanden hatten. Ich wunderte mich, wusste aber, dass meine Großmutter manchmal ziemlich stur sein konnte. Sie erzählte mir, ihre Schwester hätte sich dafür entschuldigt, dass sie es meiner Großmutter übel genommen hatte, dass diese beim Tod der Mutter das ganze Versicherungsgeld bekommen hatte. Gertie hätte gesagt, im Lauf der Jahre sei ihr klar geworden, dass meine Großmutter sich schließlich um die Mutter gekümmert hätte, sie hätte sie versorgt und im Endstadium ihrer Krankheit gepflegt. Sie wisse jetzt, dass die Mutter mittellos war, als meine Großeltern sie zu sich nahmen, und meine Oma habe ein Recht auf das Versicherungsgeld.

Oma hatte kein Wort gesagt, war in ihr Schlafzimmer gegangen und mit einer Zigarrenkiste zurückgekommen, die sie ihrer Schwester gab. Gertie öffnete das Kistchen, das zwei Dinge enthielt, eine Quittung für die Bestattung der Mutter in Höhe von 399,95 Dollar und ein Fünf-Cent-Stück.

»Was ist das?«, fragte Gertie.

»Mutter hatte eine Versicherungspolice über 400 Dollar, mit dem Bestattungsunternehmer als Begünstigtem. Die Rechnung für die Beisetzung belief sich auf 399,95 Dollar. Und das ist das Fünf-Cent-Stück, das der Bestattungsunternehmer mir herausgegeben hat. Ich habe es all die Jahre für dich aufgehoben, damit du etwas von unserer Mutter hast!«, erwiderte meine Oma.

Eine Vorliebe für Süßes

Die beste Schokolade enthält mindestens 55 Prozent Kakaomasse, die zum zartbitteren Geschmack beiträgt. 90 Prozent der Amerikaner bevorzugen allerdings Milchschokolade, die süßer und fettreicher als zartbittere oder extrabittere Schokolade ist und weniger Kakaomasse enthält.

Gertie konnte es nicht glauben, dass sie 15 Jahre lang wegen eines Fünf-Cent-Stücks Geburtstagsfeiern, gemeinsame Ferien, schwesterlichen Austausch und schwesterliche Anteilnahme versäumt hatte.

Von da an machten meine Oma und ihre Schwester die verlorene Zeit durch viele weitere Schokoladentorten mit Schokoriegelguss wett. Oma schien nach diesem Tag eine ganze Ecke glücklicher, und ich bekam eine Großtante, von der ich gar nicht gewusst hatte, dass es sie gab, und außerdem die kontinuierliche Lieferung von Schokoladentorte mit Schokoriegelguss.

Wir alle haben gelernt, dass Stolz sich leichter mit Schokolade hinunterschlucken lässt.

Bill Satterlee

Süßer Einkauf

Wissen Sie, auf der Erde gibt es nichts Metaphysischeres als Pralinen.

Fernando Pessoa

»Wohin gehen wir, Mami?«, lautete Adriennes übliche Frage. Die Antwort war immer die Gleiche. »Wir gehen einkaufen, Schätzchen.«

Als meine drei Kinder noch klein waren, verbrachten wir die meisten Samstagabende im Einkaufszentrum. Unsere finanzielle Lage war angespannt, und frei verfügbares Geld war kaum vorhanden, aber das Einkaufen war unsere Fluchtmöglichkeit. Unter der Woche, wenn wir beschäftigt waren, kamen wir mit unserem Leben zurecht, aber am Samstagabend stand die Realität riesengroß vor uns.

Die Psychologen sagen, es würde die Stimmung heben und so etwas wie heitere Gelassenheit vermitteln, wenn man etwas kauft. Ich wollte, dass meine Kinder und ich dieses Gefühl hatten, nachdem mein Mann, ihr Vater, kurz zuvor gestorben war. Es war ein langer, zögerlicher Tod gewesen, der von der ganzen Familie seinen Tribut gefordert hatte. Wir brauchten dringend mehr Wohlbefinden, und so machten wir gemeinsame Einkaufstrips zum Ventil für unseren Kummer. Das mag sich für manche merkwürdig anhören, und obwohl wir uns die Dinge im Schaufenster eher ansahen als sie tatsächlich zu kaufen, funktionierte es für uns. Im hellen Licht und mitten unter den anderen Menschen im Einkaufszentrum, die ihre eigenen Wünsche und Bedürfnisse im Sinn hatten, fielen wir nicht weiter auf. Niemand wusste, dass wir trauerten. Wir waren einfach potenzielle Käufer, so wie alle anderen auch.

Unsere größte Freude bei jedem Ausflug war der Besuch eines Süßwarenladens. Meist gingen wir einfach in ein Geschäft, in dem die Kinder ihre Lieblingssüßigkeit aussuchen konnten – Gummibärchen, Fruchtgummi oder Lakritz. Aber wenn ich wusste, dass ihr Verlust ihnen besonders zu schaffen machte, führte ich sie zur Süßwarentheke im noblen Kaufhaus, wo jedes Kind sich ein herrliches Gourmetkonfektstückchen aussuchen durfte. Wir trödelten vor der verglasten Theke herum und sahen uns jedes der wunderschön dekorierten Pralinés genau an. Die Kinder wählten jedes Mal etwas anderes, aber ich entschied mich immer für eine Muschel aus dunkler, allerdunkelster Schokolade, gefüllt mit noch mehr dunkler, cremiger Schokolade. Das Aroma, die Konsistenz und der Geschmack der Schokolade berauschten uns regelrecht. Sie versetzte uns immer in bessere Stimmung, und wie ich vor Kurzem entdeckte, habe ich mit diesen Einkaufsbummeln bei meinen Kindern für schöne Erinnerungen gesorgt.

Ein paar zuckrige Süßigkeiten oder ein Stückchen Schokolade waren nicht viel, aber sie befriedigten ein Bedürfnis. Unser Bedürfnis, etwas zu kaufen? Nein. Unser Bedürfnis, zusammen zu sein – unser Bedürfnis nach etwas Süßem in unserem Leben.

Patricia Carroll Johnson

Gute Schokolade ist schwer zu finden

Der echte Schokoladenliebhaber findet Wege,
seiner Leidenschaft entgegenzukommen
und sie mit seinem Lebensstil in Einklang zu bringen.

Julie Davis

Im Sommer 1992 machte ich meine erste und einzige Reise ins österreichische Salzburg. Das war ein netter Abstecher, den ich zwischen den Videoaufnahmen für das Ingenieurkorps der US-Army in Süddeutschland einlegen konnte.

Als ich in dieser romantischen mittelalterlichen Stadt die Straßen durchstreifte, beeindruckte mich sehr, wie hier klassische Musik und moderner Tourismus miteinander verbunden werden. Fast jedes Ladenfenster im Stadtzentrum quoll über vor Pralinés, die in leuchtend rote und goldene Folie verpackt waren und das Abbild von Salzburgs liebstem Sohn trugen: Wolfgang Amadeus Mozart. Mir entging nicht die Ironie, dass ein Mann, der zum Zeitpunkt seines Todes verarmt in einem namenlosen Grab in Wien bestattet worden war, für die örtlichen Chocolatiers ziemlich viel Geld verdiente.

Meine Skepsis verwandelte sich in bewunderndes Staunen, sobald ich ein Süßwarengeschäft betreten und tatsächlich eine dieser Mozartkugeln gekostet hatte. Das reiche, mehrschichtige Aroma war für amerikanische Kunden vermutlich völlig fremd. Jede Kugel war mit Pistazienmarzipan und Haselnussnougat gefüllt und dann in Milch- und Bitterschokolade getaucht worden. Und weil europäische Schokolade mehr Butterfett enthält als ihr amerikanisches Gegenstück, war die cremige Üppigkeit des zweifachen Schokoladenüberzugs unvergleichlich. So etwas hatte ich noch nie gegessen. Eine einzige Kugel reichte, um mich schneller süchtig zu machen, als ich »Eine kleine Nachtmusik« sagen konnte. Wenn es ein Praliné gab, das eines weltberühmten Komponisten wie Mozart würdig war, dann dieses.

Bevor ich Salzburg verließ, erstand ich genug Mozartkugeln von Reber, um auf dem Rückflug in die USA etwas naschen zu können und für meinen engeren Familienkreis im vorstädtischen Chicago ein Mitbringsel zu haben. Ich hatte noch eine Kugel übrig, als ich in mein spärlich möbliertes Einzimmerappartment in Champaign im südlichen Illinois zurückkehrte. Zuerst hatte ich vor, das kostbare Stück für eine besondere Gelegenheit aufzuheben, aber in dieser Phase meines Lebens hatte ich kaum Anlässe zum Feiern. Als ich an einem meiner vielen einsamen Samstagabende meinen Lebenslauf auf den neuesten Stand brachte, aß ich die Kugel auf und genoss die seidige Haselnusscreme und die festere Marzipanmasse bis auf den letzten Krümel. Die glitzernde Verpackung faltete ich zur Erinnerung ordentlich zusammen. Ich nahm an, ich würde nie mehr eine Mozartkugel essen, es sei denn, ich hätte die Chance, nach Europa zurückzukehren.

Vier Jahre später zog ich in der Hoffnung, meiner Karriere und meinem Sozialleben einen Kick zu geben, wieder nach Chicago. An einem munteren Samstagabend Mitte März lernte ich bei einer Party einen jungen Mann namens Greg kennen, und wir unterhielten uns, bis unsere Gastgeber anfingen, alle Gäste Richtung Tür zu schieben. Greg lud mich ein, am nächsten Wochenende mit ihm zu einem Konzert des Chicago Symphony Orchestra zu gehen. Ich war sehr beeindruckt – und ein bisschen verschüchtert – angesichts der Aussicht, dass unsere erste Verabredung in einem Konzertsaal stattfinden sollte. Meine Kenntnis von klassischer Musik war damals eher begrenzt. Nach der Vorstellung wusste ich, dass ich mich über die feineren Details von Mozarts Musik nicht würde unterhalten können, aber ich konnte nicht umhin, diese wundervollen Mozartkugeln zu erwähnen, die ich Jahre davor genossen hatte. Es stellte sich heraus, dass Greg auch schon einmal Mozartkugeln gegessen hatte, als er bei einer Fahrradtour quer durch Europa nach Wien gekommen war.

Bei unserer nächsten Verabredung schenkte Greg mir etwas, das er in einem Geschäft für deutsche Delikatessen in seinem Stadtviertel im nördlichen Chicago aufgetrieben hatte: einen Mozart-Praliné-Riegel von Reber, die Schokoriegelversion der Mozartkugel, bei der in den Schokoladenüberzug knackige Reis-Crispies gemischt waren, so dass der Riegel zusätzlich knusprig wurde. Die Kombination der Geschmacksnuancen war genauso köstlich, wie ich sie in Erinnerung hatte. Ich hatte nicht nur einen Ort in der Nähe meines Wohnortes gefunden, an dem ich Mozart-Pralinés finden konnte, ich hatte auch jemanden gefunden, mit dem ich sie teilen konnte.

Drei Jahre später bestellten Greg und ich bei einem anderen Geschäft für deutsche Delikatessen 250 medaillongroße Mozart-Pralinés, um sie als kleine Geschenke an unsere Hochzeitsgäste zu verteilen.

Robyn Kurth

Liebe auf das erste Trüffelpraliné

*Glauben Sie nicht, Schokolade wäre ein Ersatz für Liebe.
Die Liebe ist vielmehr ein Ersatz für Schokolade.
Wenn wir ehrlich sind, kann man sich auf Schokolade
weit eher verlassen als auf einen Mann.*

Miranda Ingram

»Du wirst nie Herrn Richtig kennen lernen«, warnten meine Freundinnen mich, »solange du Herrn Falsch hinterhertrauerst.« Obwohl ich wusste, dass das wahrscheinlich stimmte, hatte ich Angst, außer Dick nie mehr jemanden kennen zu lernen.

Deprimiert von der Aussicht, ein weiteres Weihnachtfest ohne festen Partner zu verbringen, entschied ich mich für einen radikalen Tapetenwechsel. Für Schottland, um es genau zu sagen. Die Kollegin, die sich mir anschloss – und die gängige Meinung teilte, Dick sei ein Depp – betrachtete diese Reise als Chance, ihre Herkunft zu erforschen. Ich dagegen wollte nicht nur über eine düstere Zukunft nachdenken, sondern auch Dick viel Zeit geben, mich zu vermissen.

Für die ersten paar Tage hatten wir eine Besichtigungstour rund um London vorgesehen. Dazu gehörte auch ein Ausflug nach Bath. Dieser magische Ort geht bis auf die Römer zurück und wurde durch heiße Quellen bekannt, die angeblich fremdartige, mystische Kräfte hervorbringen. Schneller, als man »Et tu?« sagen kann, waren die Togen weg, die Touristen da, und heute sieht Bath weitgehend immer noch so aus wie das Heilbad von früher, in das die Römer sich nach jeder Plünderungssaison zurückzogen.

Unmittelbar vor dem Mittagessen dirigierte unsere Reiseleiterin uns zur letzten Sehenswürdigkeit der Exkursion: Zu einem riesigen Fass, das aussah wie eine rustikale Badewanne. »Die Legende zu diesem Becken besagt«, erklärte sie, »dass alles, was Sie sich wünschen, wahr wird.« Meine Begleiterin ermahnte mich, einen weisen Wunsch zu tun. Offenbar wusste sie, dass ich drauf und dran war, mir zu wünschen, Dick möge zur Vernunft kommen.

»Wenn du den Wunsch mit einem realen Namen verbindest«, sagte sie, »hast du das Problem, dass andere potenzielle Kandidaten, die dieselben Kriterien erfüllen, unter den Tisch fallen.«

Zum Glück war ich in Zuhörlaune. Ich machte die Augen zu und bat: »Ich wünsche mir, dass ein Ritter in schimmernder Rüstung da ist, wenn ich zurückkomme, und dass wahre und ewige Liebe zwischen uns entsteht.«

Als ich dann nach Hause kam, stellte ich zu meinem Entsetzen fest, dass auf meinem Anrufbeantworter nur zwei Nachrichten von Dick waren. In der ersten sagte er mir, er würde mich sehr vermissen und anfangen, sich zu überlegen, ob er nicht darüber reden wolle, sich möglicherweise zu binden. In der zweiten Nachricht erzählte er, er hätte zufällig seine Exfrau Estelle getroffen, würde sie in ihrem Feriendomizil am Lake Tahoe besuchen und mich anrufen, wenn er zurück wäre.

Montags schleppte ich mich ins Büro, ich litt unter diesem weiteren Dolchstoß in mein Herz. Es goss in Strömen. Ich erinnere mich daran, weil der erste Fremde, der durch die Tür kam, einen regenbesprenkelten Übermantel im Westernstil und einen dazupassenden Hut trug. Ich bemerkte, dass er das allerfreundlichste Lächeln und strahlend blaue Augen hatte. Offenbar fielen auch meine Augen ihm auf, denn er machte mir ein entsprechendes Kompliment.

»In dem Augenblick, als du ›Oh, vielen Dank‹ sagtest«, erzählte Mark mir später, »hatte ich das Gefühl, alles über dich zu wissen, was es zu wissen gab.«

Weil er unser Büro oft besuchen würde, fragte er, ob er wegen eines Termins jedes Mal anrufen müsse. Ich sagte ihm, Schokolade würde als Bestechung bei mir gut funktionieren.

Praktischerweise befand sich zwei Häuser weiter ein Süßwarenladen. Der gutaussehende Fremde wurde dort ein regelmäßiger Kunde. Egal, wie es mir an einem Tag ging, meine Laune wurde immer besser, wenn Mark hereinkam. Ich stellte fest, dass ich lustige Geschichten sammelte, die ich ihm erzählen konnte, nur damit er länger blieb.

Ich nahm an, ein so netter Mann wie er müsse verheiratet

sein. Er nahm an, ich sei ebenfalls in festen Händen. Es hätte sich nicht gehört, erklärte er später, eine persönliche Beziehung zu jemandem in einem Büro zu haben, in dem er seinem Job als Lobbyist nachging.

Am Valentinstag 1997 war es kalt und regnerisch, und ich hatte so wenig Aussicht auf eine Romanze wie drei Jahre zuvor. Dick war, wie sich herausgestellt hatte, nicht nur Estelles Anziehungskraft erlegen, er behauptete auch weiterhin steif und fest, es sei nur vorübergehend.

Kurz vor Feierabend ging die Tür auf, und Mark spazierte herein. »Die sind für Sie«, verkündete er und übergab mir eine rote Schachtel, die sechs meiner Lieblingstrüffelpralinés enthielt. Damals wusste ich nicht, dass er mir mehr gab als eine Schachtel Pralinen, er gab mir sein Herz. Ich wusste auch nicht, dass er an diesem Abend ebenfalls in eine leere Wohnung zurückkehrte.

Ich hatte gerade eine Beförderung an eine Außenstelle erhalten, die näher an meiner Wohnung lag. Einerseits war ich froh, die Parkgebühren in der Innenstadt los zu sein. Andererseits würde ich die wöchentliche Ration Trüffelpralinen vermissen. Bevor ich meine neue Stelle antrat, gab ich Mark meine neue Nummer.

»Vielleicht können wir in Kontakt bleiben«, sagte ich.

Niemand war überraschter als ich, als er im April anrief und fragte, ob er mich an meinem Geburtstag zum Mittagessen in ein elegantes Restaurant im historischen Teil der Stadt einladen dürfte. Genau in dem Moment, als er hereinkam, wandte ich mich zum Tor des Vorplatzes um. Und in diesem sonnenbeschienenen, filmmagiereifen Augenblick konnte er nicht anders, als mir seine Gefühle zu offenbaren. An diesem Nachmittag fragte er mich, ob ich seine Frau werden wolle, und ich sagte einfach Ja. Und das, obwohl wir weder unseren ersten Kuss ausgetauscht noch überhaupt miteinander ausgegangen waren. Wir wussten es einfach.

Ein Jahr später gaben wir uns in Stirling Castle das Eheversprechen, fuhren ins schottische Hochland auf Hochzeitsreise und begannen das Glücklich-bis-ans-Ende-ihrer-Tage-Leben, von dem ich immer geträumt hatte … und das ich mir damals in Schottland gewünscht hatte. Und ja, er bringt mir immer noch Pralinen.

Christina Hamlett

Schokoladenanfall

Mir ist noch nie eine Schokolade begegnet,
die ich nicht mochte.

Marina Sirtis als Deanna Troi,
Raumschiff Enterprise: Das nächste Jahrhundert

Vor vielen Jahren reiste ich mit meinem Mann nach San Francisco. Dort lud uns ein Paar zu Cocktails zu sich nach Hause ein. Die beiden lebten in einer auf drei Seiten verglasten Wohnung, von der aus man einen Ausblick auf die Stadt und die Bucht hatte. Die Wohnung war wunderschön, die Gastgeber umgänglich und nett, aber das Einzige, das mir von diesem Abend vor vielen Jahren in Erinnerung geblieben ist, ist der Kommentar der Frau, dass sie sich jeden Tag einen einzigen *Hershey's Kiss* genehmigte.

Ich habe selbst ziemlich regelmäßig Schokoladengelüste, und ein einziger *Hershey's Kiss*, auch wenn er noch so köstlich ist, könnte dieses Bedürfnis nicht befriedigen. Ein paar Wochen nach dieser Reise war ich im Supermarkt und verspürte ein starkes Verlangen nach Schokolade. Ich versuchte mich abzulenken, indem ich eine Tüte Kirschen und einen Becher Blaubeeren in meinen Einkaufswagen legte, Obstsorten, die ich sehr gerne esse. Ich packte auch einen Blumenkohl, ein paar Paprikaschoten, Bananen und eine rote Zwiebel ein. Ich war mir sicher, dass meine Schokoladenlust angesichts dieser Das-ist-gut-für-Sie-Lebensmittel abnehmen würde.

Die Süßwaren befanden sich im selben Gang wie die Nudeln, wenn ich also Nudeln wollte, musste ich an den Süßigkeiten vorbei. In dem Glauben, mein Schokoladendrang sei abgeflaut, fühlte ich mich souverän genug, den Gang zu betreten. Wie das Glück es wollte, war eine große Tüte *Hershey's Kisses* im Sonderangebot. Ich stoppte und nahm eine Tüte. Sie schmiegte sich um meine Hand, als würde sie mich bitten, mit mir nach Hause gehen zu dürfen. Ich legte sie wieder zurück, und sie rief mir zu: »Du brauchst ja nur eins zu essen!«

Ich warf einen Blick auf das viele Obst und Gemüse und legte nonchalant eine Tüte *Kisses* dazu. Ich setzte meinen Einkauf fort und holte alles, was wir brauchten: Fleisch und Käse, Milch, Brötchen und Papierwaren. Und während Artikel für Artikel in den Einkaufswagen wanderte, überlegte ich, die *Hershey's Kisses* wieder ins Regal zu stellen.

Ich dachte an die Frau in San Francisco und sagte mir: »Wenn sie das kann, kann ich es auch.« Also legte ich die Süßigkeiten mit meinen übrigen Lebensmitteln auf das Förderband. Ich kam nach Hause, lud die Sachen aus dem Auto aus und machte mich daran, sie wegzupacken. Einige wanderten in den Kühlschrank, andere in die Vorratskammer, und dann hatte ich die Küsse aus Schokolade in der Hand. Wo konnte ich sie hintun?

»Ganz einfach, du dusselige Kuh«, sagte ich mir, »leg sie mit allem anderen in die Vorratskammer. Ein Stück kannst du dir in Gottes Namen genehmigen.« Also verschwanden sie.

Es war kurz nach Mittag und ich bekam Hunger. Ich bin stolz darauf, mittags immer etwas Leichtes zu essen. Ich protze sogar damit. Wenn mein Mann nach Hause kommt, macht er viel Wind um sein leichtes Mittagessen. Wir übertreffen uns im Großtun. An diesem Tag aß ich fettarmen Hüttenkäse mit frischer Honigmelone und trank dazu Selterswasser mit Kirschgeschmack. Nachdem ich das gegessen hatte, fühlte ich mich stark und beschloss, die *Kisses* aufzumachen und ein einziges Pralinchen zu essen.

Ich holte die Packung aus dem Schrank, nahm die Schere und schnitt eine Ecke ab. Zwei silberne *Kisses* glitten aus der Tüte. Ich legte die Tüte zurück und nahm die Süßigkeit in die Hand. »Zwei werden mich auch nicht umbringen«, dachte ich. Schließlich hatte ich ein leichtes Mittagessen gehabt. Ich wickelte das Stanniolpapier auf und beobachtete, wie es mit dem kleinen Stückchen Papier, auf dem *Kisses* gedruckt war, auf den Tisch fiel. Ich legte das Schokoladenstückchen in meinen Mund und spürte, wie es warm wurde und schmolz, als ich es auf eine Seite gleiten ließ, um es zu kauen. Das zweite Praliné schmeckte genauso gut. Die Tüte lag noch auf dem Tisch, also beschloss ich, noch ein paar mehr zu essen, während ich die Zeitung las. Die Öffnung der Tüte war ein bisschen größer geworden, und vier *Kisses* purzelten heraus. Also gut, die würde ich beim Lesen noch in mich hineinmümmeln, aber nur die.

Als ich mit der Lektüre fertig war, lagen ein Häufchen Silberpapier und viele kleine Papierstreifen neben mir. Ich erschrak und schämte mich. Ich schaufelte sie in meine Hand, drückte sie zu einem kleinen Ball zusammen und vergrub sie im Abfalleimer. Ich nahm einen Verschlussclip aus der Schublade und verschloss damit die Packung mit den *Kisses*. Bevor ich sie wieder in den Schrank stellte, las ich widerwillig die Kalorienangaben auf der Tütenseite. In acht Stück waren 210 Kalorien enthalten. Mir gefiel diese direkte Vorgehensweise. Man brauchte sich nicht über Portionsgrößen oder Ähnliches den Kopf zu zerbrechen. Wenn Sie acht *Hershey's Kisses* gegessen haben, haben Sie 210 Kalorien weggeputzt.

Ich war mir nicht sicher, wie viele ich gegessen hatte, und die Papierchen hatte ich verschwinden lassen, so dass ich es nicht überprüfen konnte. Abgesehen davon wollte ich es auch gar nicht wissen. Das Unglück war passiert. Ich hielt mir selbst eine ordentliche Standpauke. Ich dachte, dass die Frau in San Francisco wahrscheinlich geschwindelt hatte, auch wenn sie nicht so ausgesehen hatte. Ich sagte mir, ich würde schließlich nicht jeden Tag über die Stränge schlagen und ganz generell außerdem nicht wollen, dass Hershey's pleite ging.

Mein Mann kam nach Hause und erzählte mir, er hätte mittags Salat mit Thunfisch, Tomaten und Zwiebeln gegessen. Ich erzählte ihm, bei mir hätte es Hüttenkäse und Obst gegeben.

In einer Ehe muss es gewisse Geheimnisse geben. Sagen Sie mir nicht, dass ich Unrecht habe. Wir sind schon über 30 Jahre verheiratet. Mein Mann hat etwas gegen Schokolade. Er denkt, sie sei schlecht, und wirft mir finstere Blicke zu, wenn ich vorschlage, Fudge zu kaufen. »Wie kannst du nur«, sagte er dann, und ich lasse es sein. Es ist besser, wenn ich alleine meiner Leidenschaft fröne. Warum den Mann verärgern?

Ich weiß, dass es unmöglich ist, einen einzigen *Hershey's Kiss* zu essen, und die zu drei Vierteln volle Tüte ist immer noch in meiner Vorratskammer. Es fällt mir leichter, kein als nur ein Praliné zu essen, und deshalb habe ich beschlossen, den Rest der Packung im Gefrierschrank zu verstauen, und wenn mich das nächste Mal ein Schokoladenanfall packt, hole ich die Tüte aus dem Gefrierschrank – und genieße!

Lynne MacKnight

Der Geschmack von Schokolade

Anderen Schokolade zu geben, ist eine intime Form der Kommunikation, das Mitteilen tiefer, dunkler Geheimnisse.

Milton Zeltman

Es war der Valentinstag 1963, und ich war ein vierundzwanzigjähriger Soldat, der im Fort Bragg in North Carolina vor einem vierwöchigen Flugtraining und einer sechswöchigen Ausbildung bei der Sondereinsatztruppe stand. Um ein Uhr mittags wurde ich in die Schreibstube beordert und bekam ein Telegramm ausgehändigt.

Überraschung! Ankomme 15 Uhr, 14. Februar, Piedmont Airport, Fayetteville. Kann es kaum erwarten. Alles Liebe, Lynne.

Ich hatte nicht gewusst, dass sie so früh kommen würde. Um genau zu sein, hatten wir geplant, dass sie erst kommen würde, wenn ich mit meinem Lehrgang fertig war. Jetzt hatte ich weniger als zwei Stunden, um uns eine Wohnung zu mieten und das Lebensnotwendige einzukaufen. Zum Glück zeigte der befehlshabende Offizier Verständnis und überließ mir den Kompaniejeep.

Noch an diesem Nachmittag schaffte ich es, einen zwölf Meter langen Wohnwagen zu organisieren, der 30 Dollar Miete im Monat kosten sollte, im örtlichen Pfandleihhaus gebrauchtes Geschirr, Kochtöpfe und Besteck zu kaufen und eine billige Garnitur Bettwäsche zu erstehen. Der heruntergekommene Wohnwagenabstellplatz war für Vertreter niedrigerer Dienstgrade eingerichtet. Nachdem ich dem Vermieter die Miete für den ersten und letzten Monat gegeben hatte, blieben mir 35 Dollar, und der nächste Zahltag war noch zwei Wochen entfernt. Lebensmittel hatte ich vergessen. Vielleicht würden wir ja von Luft und Liebe leben können.

Dieser Wohnwagen! Ich hätte nicht die Kühnheit gehabt, ihn als mobiles Zuhause zu bezeichnen. Er war einfach ein großer, aufdringlich rot und weiß angestrichener Reisewohnwagen. Im Inneren hatte er eine billige Verkleidung, und der geblümte Linoleumboden war schartig und zerkratzt und ließ den Sperrholzunterboden durchscheinen.

Das Mobiliar bestand aus einer kleinen abgenutzten Couch an der Stirnseite und einem verschrammten Couchtisch, an dem ein Bein lose war. Links vom Wohnbereich befand sich die Küche. Eine fleckige Spüle, ein winziger, reinigungsbedürftiger Elektroherd, und ein ramponierter Tisch mit Resopaloberfläche vervollständigten das Ganze. Den Gang hinunter war das Bad, dessen Tür durch einen Duschvorhang ersetzt worden war. Am hinteren Ende des Wohnwagens lag der Schlafraum – gerade groß genug für einen Einbauschrank, einen Kasten mit Schubladen und ein Doppelbett mit durchhängender Matratze.

Das würde unser Zuhause sein, und ich schämte mich schon, als ich es Lynne zeigte. Ich hielt den Atem an, als ich die dünne Wohnwagentür öffnete und beobachtete, ob ihr Gesichtsausdruck sich veränderte. »Ich hatte keine Zeit, irgendetwas zu essen zu kaufen, und wir haben nicht viel Geld, Lynne«, sagte ich entschuldigend. »Der Zahltag ist erst in zwei Wochen, und ich weiß, dass das hier nicht das ist, was du erwartet hast, und es tut mir leid …« Und so redete ich weiter, bis sie mir den Finger auf die Lippen legte.

»Schsch. Ich weiß, Schatz. Ich hab ein bisschen Geld dabei. Wir werden es bis dahin schaffen.«

»Aber das Schlimmste weißt du noch gar nicht«, antwortete ich. »Ich muss in die Kaserne zurück. Es gibt abends eine Anwesenheitskontrolle, und ich muss dort wohnen, bis wir verheiratet sind. Das bedeutet, dass du hier alleine sein wirst.«

Sie sah auf und lächelte mich strahlend an. »Dann heiraten wir am besten, so schnell wir können.«

»Was ist das denn?«, fragte sie, als sie den in ein schmales rotes Band gewickelten Hershey's-Riegel entdeckte, den ich auf den Tisch gelegt hatte.

»Ach, nichts. Nur ein kleines Einzugsgeschenk«, erwiderte ich kleinlaut. »Ich wünschte nur, es könnte mehr sein.«

»Es ist perfekt«, sagte sie, nahm die Süßigkeit und setzte sich auf die Couch. Sie griff nach meiner Hand, und ich setzte mich neben sie, während sie den Riegel auspackte. Wir teilten ihn schweigend und küssend, ohne das Bedürfnis zu reden, und ich blickte in ihre wundervollen blauen Augen und sah ihre Liebe zu mir darin. Eine Woche später waren wir verheiratet. An diesem Abend machte ich Pfannkuchen und Eier zum Abendessen, und zum Dessert gab es einen Hershey's–Riegel.

An jedem Hochzeitsjahrestag in den letzten 24 Jahren war ein Schokoriegel der Eckstein unserer Feier. Er symbolisiert die Hindernisse, die wir als junges Ehepaar überwinden mussten, das wenig zu teilen hatte. Egal, welche Geschenke wir uns zum Jahrestag machen, ein Hershey's-Riegel mit dem roten Originalband von damals bleibt unser Favorit. Und ich bin überrascht, dass ihre wunderschönen blauen Augen immer noch vor Liebe strahlen, wenn sie ihn auswickelt und wir ihn in liebevollem Schweigen miteinander teilen.

Der Leckerbissen in der Einmann-Notration des Soldaten

Seit den Tagen des amerikanischen Unabhängigkeitskrieges ist Schokolade Bestandteil der Soldatenration. Schokolade, oder zumindest die aus zerkleinerten Kakaobohnen hergestellte Essenz von Schokolade, ist eine hoch konzentrierte Nahrungsquelle mit geringer Masse, die leicht zu transportieren ist.
Heute gilt Schokolade eher als süße Leckerei zum Dessert denn als ernstzunehmende Nahrungsquelle.

Gary Luerding

»Mein Traummann ist freundlich, einfühlsam, intelligent, eins achtzig groß, 90 Kilo schwer und aus massiver Milchschokolade.«

Abdruck mit Genehmigung von Patrick Hardin © Patrick Hardin

Manche mögen's heiß

Der Geschmack von Schokolade ist ein sinnliches Vergnügen an sich, das in derselben Welt existiert wie Sex.

Dr. Ruth Westheimer

Es war Dezember, und Weihnachten näherte sich mit einer Kaltfront. Ich kauerte am Küchentisch, überflog Postwurfsendungen mit Sonderangeboten und schlürfte heiße Schokolade, während ich auf den Babysitter wartete. Ich hatte eine Liste und einen Umschlag, in dem das Bargeld, das ich bei der Einlösung meines Gehaltsschecks bekommen hatte, steckte. Er war nicht besonders dick. In den Monaten seit meiner Scheidung hatte ich endlich Gelegenheit, zu zeigen, dass ich mit Geld umgehen konnte, ohne im Scheckheft rote und schwarze Spalten durcheinander zu bringen. Eine befreiende, erschreckende Aussicht. Aber wenn man einen Becher dampfende heiße Schokolade mit Marshmallows-Haube in der Hand hält, glaubt man auch an die fliegenden Rentiere des Weihnachtsmannes. Ich trank die Tasse aus und beobachtete, wie die letzten Tropfen Schokolade auf den Tassengrund zurückrinnselten. Das

Auto des Babysitters platschte durch die matschige Lache auf der Zufahrt. Als ich gerade nach draußen gehen wollte, klingelte das Telefon. Bill war ein Freund der Familie, der Trauzeuge bei meiner Hochzeit vor Jahren. Ich kannte ihn aus der Zeit, in der »unvereinbare Gegensätze« etwas waren, über das man in den Leserbriefen an Kummerkastentanten las. Er war seit seiner eigenen Scheidung eingefleischter Junggeselle und geübt darin, die Ferienzeit als einsamer Elf zu überstehen. Zwischendurch befriedigte er den Heißhunger meines Sohnes auf Weihnachtsgeschichten und überprüfte in regelmäßigen Abständen, ob der Vorratsschrank noch gut gefüllt war. Seine Idee, den weihnachtsseligen Massen gemeinsam zu trotzen, gefiel mir, und sein Angebot, als Chauffeur zu fungieren, noch mehr. Ich hasse es, im Dezember Auto zu fahren. Sobald der Weihnachtsmann in der Stadt aufkreuzt, findet man am Einkaufszentrum keinen Parkplatz mehr. Sie glauben gar nicht, wie viel Platz ein Miniaturschlitten und acht winzige Rentiere beanspruchen!

Einkaufen ist für mich eine Alles-oder-nichts-Angelegenheit. Wenn ich keinen guten Tag habe, finde ich trotz Karte vom Einkaufszentrum und einem Drei-Tage-Vorrat an Restaurantgutscheinen nichts, was ich kaufen könnte. Aber an diesem Tag lief alles glatter als ein geschmolzener Schokoriegel. Bill und ich verglichen Preise, standen Schlange und verstauten Schätze in Einkaufstüten, die so voll waren, dass sie aussahen wie Beutel mit Mikrowellenpopcorn kurz vor dem Klingeln der Zeitschaltuhr. Irgendwann zwischen Zuckerwatte und Weihnachtssocken, inmitten von Menschenmengen und Registrierkassen, fingen wir an Händchen zu halten.

Am Ende des Tages war meine Liste abgearbeitet. Für jemanden, der eine Woche braucht, um sich zu überlegen, ob er lieber den roten oder den grünen Pullover will und die Frage selbst dann noch durch die improvisierte Befragung von zufälligen Passanten entscheiden muss, war das tatsächlich ein Weihnachtswunder.

Zufrieden brach ich auf der Bank vor einem Coffeeshop im Einkaufszentrum zusammen. Mit einem Zwinkern tauchte Bill wieder in die Menge ein, und während ich wartete, versuchte ich zu erraten, was wohl in den Kartons und Tüten der vorbeiwuselnden Ladenbesucher steckte. Zu Weihnachten sind die Wartezeiten im Coffeeshop länger als sonst, aber das fiel mir kaum auf, als ich auf unserer von Schätzen umgebenen Bank saß. Bald tauchte Bill wieder auf, mit einer Tasse dampfender heißer Schokolade für mich und einem Kaffee für sich. Während der Duft der Feiertagsmagie aus unseren Tassen stieg, lachten und redeten wir und beobachteten gemeinsam die Menge. Fliegende Rentiere? Irgendjemand da, der nicht an sie glaubt?

Präsidentiale Schleckermäuler

Bevor Abraham Lincoln Präsident wurde, führte er einen Gemischtwarenladen in Illinois. Als Forscher seine verblichenen Buchführungsunterlagen untersuchten, entdeckten sie, dass das einzige abgepackte und annoncierte Nahrungsmittelprodukt, das in diesem Geschäft verkauft wurde, Baker's Frühstückskakao war.
Auch Thomas Jefferson war ein großer Fan von heißer Schokolade.

Bill und ich heirateten im Sommer darauf. Zehn Jahre später

treten wir der weihnachtlichen Menge immer noch gemeinsam entgegen. Er schlürft immer noch seinen Kaffee, während ich mich innerlich und äußerlich mit heißer Schokolade aufwärme. Wir beobachten die einkaufenden Passanten und machen ein Spiel daraus, zu erraten, was sie in ihren Paketen haben. Und ich glaube immer noch an fliegende Rentiere.

Amy Mullis

Schokoladenmilch und Schinkensandwich

Der göttliche Trank, der die Widerstandskraft aufbaut und Erschöpfung bekämpft. Eine Tasse dieses kostbaren Getränks (Kakao) erlaubt einem Mann, einen ganzen Tag zu gehen, ohne etwas zu essen.

Montezuma II., aztekischer Kaiser

Ich bin mir sicher, dass meine Mutter Schokoladenmilch und Schinkensandwiches nie als Teil des Familienerbes betrachtet hat. Vielmehr waren diese Nahrungsmittel für eine Mutter von 13 Kindern, die eine schnelle Mahlzeit für unterwegs finden musste, wahrscheinlich nichts als eine Notwendigkeit.

Einmal im Monat unternahmen wir für unseren Großeinkauf von unserer kleinen Stadt in Texas die einstündige Fahrt nach San Antonio. Dort gingen wir immer in mindestens drei Geschäfte: Fed Mart, New York Fabrics und einen Brotladen, in dem wir 20 Laibe einen Tag altes Brot kauften. Im Allgemeinen hatte meine Mutter bei diesen Ausflügen vier oder fünf Kinder im Schlepptau. Ich weiß nicht genau, ob es ihr nicht geheuer war, uns alle zu Hause zu lassen, oder ob sie uns zum Schieben der Einkaufswagen bei Fed Mart brauchte, wo wir immer mehr als einen vollluden.

Irgendwann im Lauf des Tages mussten wir etwas essen. Wir gingen in einen Lebensmittelladen und kauften einen Laib Brot, ein Paket Schinken und Schokoladenmilch. Zuhause machten wir Schokoladenmilch immer mit Kakao, Zucker und Milch – sie hatte dann eine körnige Konsistenz und zum Schluss blieben kleine knirschende Zuckerstückchen in der Tasse zurück. Im Geschäft gekaufte Schokoladenmilch war wie Samt. Sie war jedes Mal dick, gehaltvoll und perfekt in ihrer Zusammensetzung.

Spulen Sie 30 Jahre vor, und ich habe meine eigene Familie mit fünf Kindern. In der ersten Zeit unserer Reisen hierhin und dorthin bereitete ich ausgewogene Mittagessen vor und packte sie in die Kühltasche. Es gab Proteine, Gemüse, Kohlenhydrate und Fruchtsaftgetränke. Einmal hatte ich nicht die Zeit, eine Mahlzeit zusammenzustellen, und verließ das Haus mit leeren Händen. Puh! Als mich um die Mittagszeit die Verzweiflung packte, weil ich nicht wusste, was ich meiner Familie zu essen geben sollte, erinnerte ich mich an meine bescheidenen Anfänge und die Mahlzeiten direkt aus der Tüte vom Lebensmittelladen. An diesem Tag entdeckte ich, dass ein Laib Brot und ein Paket Schinken im Notfall immer noch gute Dienste leisten. Und im Laden gekaufte Schokoladenmilch immer noch so auf der Zunge liegt, als trinke man Samt.

Stephanie Buckwalter

Die Geschmacks-knospen beglücken

Die Schnitzeljagd

Schokolade: Der verdammungswürdige Erfüllungsgehilfe von Nekromanten und Hexern.

Französischer Kleriker im 15. Jahrhundert

Im September 1992 gab ich meinen gut bezahlten Job auf. Während ich mich ernsthaft daran machte, von zuhause aus als Freiberuflerin zu arbeiten, lebte ich von meinen Ersparnissen.

Es war herrlich! Ausgerüstet mit Tüten voll Schokokugeln mit Knusperfüllung, Schokorosinen und Eis-Snickers begann ich meine neue Karriere. Ich genoss geruhsam diverse Tassen Tee am Morgen, während ich mir die *Today*-Show ansah. Ich erkannte schnell, dass ich mich dazu noch nicht einmal anziehen musste. Ich konnte, wenn ich wollte, den ganzen Tag in einem Sweatshirt und meiner ausgebeulten roten Pyjamahose herumschluren.

»Ach, und was haben wir hier?«, sagte ich laut zu mir selbst, während ich durch die Fernsehsender zappte. »Eine Talkshow? Ich liebe Talkshows!«

Wenn die Talkshows zu Ende waren, goss ich die Pflanzen, bemalte ein T-Shirt für meine Weihnachtsgeschenkesammlung, telefonierte eine Stunde lang mit meiner arbeitslosen Krankenschwester-Freundin, warf eine Ladung Klamotten in die Waschmaschine, fütterte die Vögel, bereitete eine Spaghettisauce zu, erledigte Besorgungen und aß eine weitere Handvoll Schokokugeln mit Knusperfüllung.

»Was, schon Mittag?« Zeit für eine weitere Fernsehtalkshow. Weitere Telefonanrufe. Na ja, ich denke, Sie sind im Bilde. Sehr oft kam ich erst um drei Uhr nachmittags in mein Arbeitszimmer, und noch öfter betrat ich es den ganzen Tag nicht.

Aber ich hatte eine tolle Zeit. In diesem Winter beherbergte ich Scharen von Freunden und Verwandten. Ich füllte meine Schokoladensammlung auf – für meine Gäste, so meine rationale Begründung.

Nachdem ich wochenlang weder einen Fuß in mein Büro gesetzt noch den Computer eingeschaltet hatte, fing ich an, mich wie ein Tagedieb zu fühlen. Die zusätzlichen fünf Kilo Gewicht verbesserten meine Stimmung auch nicht gerade.

Dann kam der Tag, an dem ich im Laden sechs Schokoriegel kaufte, drei für mich und drei für meinen dreizehnjährigen Sohn Andrew, das einzige meiner Kinder, das noch zuhause wohnte.

Als ich nach Hause kam, setzte ich mich an die Anrichte in der Küche und dachte mir, es wäre doch ganz lustig, Andrew auf eine Schnitzeljagd nach diesen Süßigkeiten zu schicken. Ich schnitt ein Stück Papier in acht Stücke. Auf das erste schrieb ich: »Am Ende von Mama Lorenz' Schnitzeljagd wartet ein leckerer Preis auf dich. Der erste Hinweis findet sich an einem Ort, der sich auf *rufen* reimt.«

An einer der oberen Treppenstufen klebte der nächste Hinweis. »Hinweis Nummer drei ist nicht in diesem Stockwerk. Aber er befindet sich neben der Tür. Sieh nach oben!«

Andrew rannte die Treppe rauf und die Treppe runter, er suchte und fand seine Hinweise und lachte die ganze Zeit. Er amüsierte sich bei dieser Schnitzeljagd genauso königlich wie ich beim Schreiben und Verstecken der Anweisungen.

Hinweis Nummer acht besagte: »Du bist müde, oder? Geh ins Bett. Umarme dein Kissen. Träume süße Träume und genieße deinen Preis. Ich liebe dich. Mama.« Er fand die Schokoriegel in seinem Kissenbezug.

Nach einer festen Umarmung und einem gigantischen »Danke, Mama!« stand Andrew neben der Küchenanrichte, wo ich mir *Oprah* im Küchenfernseher ansah.

Mein Sohn legte die Arme um meine Schultern, streckte mir die acht Papierschnipsel mit den Schnitzeljagdhinweisen hin und hielt einen Augenblick inne, bevor er sagte: »So, so, das machst du also jetzt, statt Geld zu verdienen, Mama?«

Seine einfache Frage traf mich hart. Die acht Hinweise, die ich für Andrews kleine Schnitzeljagd geschrieben hatte, waren tatsächlich die ersten Worte, die ich seit Monaten zu Papier gebracht hatte. Ich ging ins Bad und sah mich im Spiegel an. Ich war eine Null, ein Nichts, eine Niete. Seit ich meinen Job aufgegeben hatte, hatte ich sieben Kilo zugenommen. Ich kam mir vor wie gehirnamputiert.

Ich wusste, dass ich körperlich, geistig und beruflich wieder fit werden musste. Auf die weiße Notiztafel neben der Eingangstür schrieb ich in fetten, schwarzen Buchstaben fünf Zeilen:

Fünf Meilen, fünf Tage die Woche
Fünf Glas Wasser
Fünf Artikel pro Tag
Fünf Projekte abschließen
Fünf Stückchen Konfekt

Das war mein Rezept für meine neue Karriere und mein neues Leben. Ich würde auf meinem Hometrainer fünf Meilen am Tag strampeln, von Montag bis Freitag.

Ich würde mindestens fünf Glas Wasser am Tag trinken, um all die kohlenhydratreichen Nahrungsmittel hinauszuschwemmen, die ich die ganze Zeit gegessen hatte, damit mein Körper wieder in Form kam.

Ich musste beim Lesen aufholen und den Fernseher abschalten. Mein neues Versprechen mir selbst gegenüber beinhaltete auch, dass ich jeden Tag mindestens fünf Artikel oder Kapitel aus Büchern lesen würde, die für meine neue Karriere wichtig waren.

Als ich mich in meinem Büro hinkauerte, setzte ich mir das Ziel, pro Woche mindestens fünf kleine Projekte abzuschließen, die mit meiner Arbeit zu tun hatten. Eins jeden Tag. Das müsste doch zu schaffen sein?

Statt jeden Tag 20 oder 30 Schokokugeln mit Knusperfüllung, Schokorosinen und *Hershey's Kisses* zu essen, würde ich mich auf fünf pro Tag beschränken.

Ich fing sogar an, mich zum Arbeiten schöner anzuziehen.

Mein neuer Tagesablauf bestand aus: Frühstück, bis 9 Uhr morgens lesen und die zweite Tasse Tee austrinken, mindestens fünf Meilen auf dem Heimtrainer strampeln, duschen, anziehen (bei der Arbeit galt absolutes Pyjamaverbot!) und an jedem Wochentag um 10 Uhr vormittags arbeitsbereit in meinem Büro sitzen.

Ab und zu hatte ich noch Zeit für eine schokoladenreiche Schnitzeljagd mit Andrew, aber mein Fünfstufenplan sollte dafür sorgen, dass ich, wenn er um vier Uhr nachmittags zur Tür hereinkam, sehr viel mehr mit ihm zu teilen hatte als alberne Schnitzeljagdhinweise.

Meine eigene Schnitzeljagd nach einer strukturierteren, erfolgreicheren Atmosphäre für das Arbeiten zu Hause hat in den folgenden Jahren viele Belohnungen eingebracht. Aber das Beste ist, dass die Antwort auf die Frage *Wer bin ich?* wirklich darauf beruht, *was* ich mit dem Talent *mache*, das Gott mir gegeben hat.

Heute benutze ich Schokolade als süße kleine Belohnung, nicht als Ersatz für Arbeit. Es ist ein guter Plan.

Patricia Lorenz

Süße Küsse

Vergessen Sie die Liebe … Ich versinke lieber in Schokolade!

Verfasser unbekannt

Damals, in jenen finsteren Zeiten, in denen ich in Miss Daisy Bloggs Klassenzimmer elf Jahre alt wurde, passierte etwas ganz Wunderbares: Ich verliebte mich. Es hatte etwas Magisches, wenn Buddy O'Toole und ich uns in unserer Klasse über vier Bankreihen hinweg launische Grinser zuwarfen. Ich war groß für mein Alter und schlaksiger, als die Polizei erlaubt, während Buddy klein war und runder, als die Polizei erlaubt. Aber das spielte kaum eine Rolle, denn fast alle Jungen der Klasse waren kleiner als die Mädchen. Meine Mutter versicherte mir, das wäre eine Teenieliebe, und Buddy würde seinen Babyspeck langsam, aber sicher ablegen.

Als der Valentinstag näher rückte, dachte ich nur noch an Pralinen und Überraschungen. Meine Mutter sagte immer, es gebe Pralinen und Pralinen, womit sie meinte, die Rolls Royces unter den guten Süßigkeiten seien dünn gesät. Papa suchte immer den feinsten Spezialitätenladen in unserer Stadt auf, um die beste Importschokolade zu bekommen. Herzförmige rote Samtschachteln mit Zierschleifen aus weißem Satin enthielten lagenweise einzigartige, handverlesene Sorten. Und wenn Mama zwischen den Nüssen und Kaubonbons nur ordentlich suchte, fand sie vielleicht ein hübsches Paar Ohrringe aus vierzehnkarätigem Gold. Ja, mein Papa wusste wirklich, wie er ihr Herz erweichen konnte. Sie deckte im Gegenzug einen eleganten Valentinstagstisch und servierte Papas Lieblingsgerichte mit einem Geschenk zu jedem Gang.

Ich konnte es kaum erwarten, zu hören, was unsere Lehrerin für den Valentinstag geplant hatte. In den hohen Fenstern unseres Klassenzimmers glitzerten süße rote Engel und dazupassende Herzen. Würden wir dieses langweilige Bastelpapier ausschneiden und zusammenkleben, Spitzendeckchen aus Papier mit Bändchen verzieren und uns dann gegenseitig die Ergebnisse schenken? Zum Glück nicht. Wir hatten den großen Schritt von der Kindheit in die oberen Klassen getan und konnten unsere Valentinskarten selbst zuhause basteln oder beim örtlichen Kaufhaus erwerben.

»Bitte bringt einen verzierten Behälter mit, auf dem außen deutlich sichtbar euer Name steht«, verkündete Miss Blogg. »Jede Schachtel bekommt eine Valentinskarte.« Das klang gerecht, obwohl zwei schmuddelige, streitsüchtige Jungen immer noch Haarzöpfe in Tintenfässer tunkten, trotz eines Tobsuchtsanfalls des Direktors. Und natürlich wurden alle gleich behandelt, und auch das hochnäsige, kleinliche Mädchen unserer Klasse wurde bedacht.

Während die Mädchen von Valentinsgrüßen träumten, hielt

sich die Begeisterung der plötzlich sehr kindischen, albernen, saft- und kraftlosen Jungen aus der sechsten Klasse eher in Grenzen. Aber Buddy sagte mir, ich solle unbedingt einen Behälter mitbringen, der mindestens so groß wie eine Schuhschachtel war, denn er hätte an einer Idee gearbeitet. Es würde meine erste Erfahrung auf Wolke sieben sein.

Auf dem Weg zur Schule am nächsten Morgen entkam jedoch niemand von uns dem Wolkenbruch und den Sturmböen, die über den Schulhof fegten, während wir mit unseren Valentinsschätzen in Deckung rannten. Die Schaukeln und Trapeze auf dem Spielplatz krachten gegeneinander und wirbelten herum, so dass ihre Seile sich ineinander verdrehten, dann gab es eine plötzliche Windstille, während der sie sich mit halsbrecherischer Geschwindigkeit entwirrten.

Nachdem wir unsere nassen Schachteln auf die Fenstersimse über den Heizkörpern gestellt hatten, verbrachten wir den Morgen damit, auf die zerknitterten, blass werdenden Verpackungen zu starren. Bändchen und Bindfäden hingen schlaff durcheinander und hinterließen merkwürdige Felder aus ausblutenden Farben und Schattierungen auf dem Karton. Trotzdem zog sich der Tag für die Mädchen endlos dahin, denn wir dachten an die Feier und daran, unsere Schätze auszutauschen.

Als Miss Blogg die Geschichte des Valentinstages laut vorlas, kam vom Heizkörper ein plötzliches *zsch, zsch, zsch*. Die Klasse begann zu kichern, als aus einer Ecke der großen roten, deutlich mit »Kathleen« gekennzeichneten Schuhschachtel tripf-trapf Schokolade tropfte. Ich warf einen kurzen Blick auf Buddy, der nicht lachte und nicht kicherte und dem nur das Entsetzen ins Gesicht geschrieben stand. Er hatte sein ganzes Taschengeld für die neueste Sensation von *Hershey's* ausgegeben, in Glanzfolie verpackte Küsse aus Schokolade, jede sorgfältig auf eine sensationelle Karte geklebt.

Die lang ersehnte Drei-Uhr-Glocke ertönte, und die Klasse steckte für den nieseligen Marsch nach Hause ihre Valentinsgeschenke unter den Mantel. Ich holte Buddy im Korridor ein und bat ihn, in die Bücherei auf der anderen Straßenseite zu kommen. Nachdem ich einen Eckplatz ausgesucht hatte, dekorierte ich den Tisch mit seiner knuffigen schokoladenbekleckerten Karte und den deformierten süßen Küsschen. Wir saßen da und unterhielten uns, bis ein Grinsen über Buddys Pausbacken ging, und dann aßen wir eine Valentinsschachtel leer, die wir beide nie vergaßen.

Kathe Campbell

Sag's mit Schokolade

Wie die meisten schönen Dinge hat auch die Schokolade ihre Zeit … jeder Monat, dessen Name die Buchstaben A, E oder U enthält, ist die richtige Zeit für Schokolade.

Sandra Boynton

Hallo Schatz, brauchst du Kakao oder hast du noch welchen?«, fragte Tom. Er war gerade beim Einkaufen und rief vom Handy aus an, die Wal-Mart-Geräusche schwirrten im Hintergrund.

Ein wenig verwirrt zögerte ich. Es war wahrscheinlich das erste Mal in unserer sechsjährigen Ehe, dass er mir diese Frage stellte. Gewöhnlich reagierte er auf mein wöchentliches: »Ach herrje, ich muss noch Kakao kaufen« mit einem übertriebenen Verdrehen der Augen, das ungefähr bedeutete: »Seht euch diese Schokoholikerin an. Kann nicht einen Tag ohne ihre Droge leben.« Dass er mich jetzt fragte, ob ich noch Kakao brauchte, war deshalb eine ziemliche Überraschung.

»Nein, alles okay. Ich hab gerade vor ein paar Tagen eine große Packung gekauft.«

»Okay. Ich wollte mich nur vergewissern. Nicht, dass er dir ausgeht oder so«, sagte er und nahm mich ein bisschen auf den Arm.

»Ich weiß, dass ich schlimm bin, aber so schlimm auch wieder nicht«, erwiderte ich. »Nicht einmal ich kann in drei Tagen so viel Kakao wegputzen.«

Er lachte nur. »Okay, ich bin gleich zuhause, tschüß!«

Ich legte auf und schüttelte den Kopf. Schließlich kam mir ein Gedanke. Ein paar Tage später hatte ich Geburtstag. Wahrscheinlich versuchte er nur, nett zu sein und sicherzustellen, dass ich alles hatte, was ich wollte, damit es ein perfekter Tag würde. Ich lächelte. Er lernte eindeutig dazu.

Eigentlich ist es nicht seine Schuld. Seine Familie ist zwar sehr lieb, zelebriert aber die Feiertage ganz einfach nicht, jedenfalls nicht so wie meine Familie. Meine Familie stürzt sich auf jede Entschuldigung für eine Feier … und für Schokoladenkonsum. Für den Valentinstag backten meine Schwester und ich für gewöhnlich einen riesigen herzförmigen Schokoladenkuchen mit rotem Zuckerguss. Am St.-Patricks-Day machte meine Mutter Pökelfleisch und Kohl … und einen großen Schokoladenkuchen mit grünem Zuckerguss. Und das waren nur die kleinen Feiertage. Am Nationalfeiertag, an Halloween, zu Thanksgiving, zu Weihnachten und insbesondere an Geburtstagen veranstalteten wir gewaltige Fressgelage, im Allgemeinen mit Mamas selbst gemachter, dreischichtiger Spezial-»Pollyanna«-Torte, die so hieß, weil sie aussah wie die riesigen Torten in dem Film »Alle lieben Pollyanna«, nur dass unser Kuchen ganz aus Schokolade war!

Tom kann meine Manie einfach nicht verstehen. Er ist die Art Mensch, die einen Schokoriegel kauft, einen Bissen abknabbert und den Riegel dann einen Monat lag im Kühlschrank liegen lässt. Er mag Schokoladencremetorte, aber er bringt es fertig, ein Stück zu essen und den Rest vergammeln zu lassen. Er mag noch nicht einmal Cookies mit Schokoraspeln oder einfachen Schokoladenrührkuchen. Wie wir überhaupt zusammengefunden haben, ist mir ein Rätsel. Für ihn ist meine Schokoladenliebe eine Art Defekt. Dass er mich also fragte, ob ich noch Kakao brauchte, war, gelinde gesagt, ein Schock.

An meinem Geburtstag kam Tom von der Arbeit nach Hause und trug stolz ein Paket in den Händen. Nichts bereitete mich auf das vor, was ich da auspacken sollte. Ich entfernte das Papier und machte nur noch große Augen. So etwas Schönes! Nie hätte ich mir träumen lassen, dass es so etwas gab. Ich bekam nasse Augen und sah voller Anbetung den wunderbarsten Mann der Welt an. Er hatte mir eine Kakaomaschine geschenkt!

Jahrelang hatte ich jedes Mal, wenn wir ein Hotelzimmer betraten, über die Hoteliers geschimpft, die die Fans von heißer Schokolade diskriminierten. Auf dem Tresen stand immer eine Kaffeemaschine. Konnten sie nicht ein paar Päckchen Instantkakaopulver in das Körbchen werfen? Wie schwierig wäre das wohl? Jahrelang hatte er zugesehen, wie ich in der Mikrowelle Kakao zubereitete und jedes Mal in mich hineinfluchte, wenn ich Wasser nacherhitzen musste, weil ich mehr wollte. Er machte sich über mich lustig, verdrehte die Augen und tat sein Möglichstes, mich zu ignorieren, aber er erinnerte sich daran, wie sehr ich meine heiße Schokolade liebte. Ich glaube, es war das erste Geschenk, von dem ich vorher nichts wusste, oder sollte ich sagen: von dem ich vorher nicht taktisch klug gesprochen hatte. Er hatte es ganz allein ausgesucht. Und es war das perfekteste Geschenk der Welt. Bis heute ist diese Kakaomaschine mein Lieblingsgeschenk von allen, die er mir je gegeben hat. Er hat viele schöne Dinge für mich getan, mir viele wunderbare Geschenke gemacht, aber in jenem Jahr hat er das Allerbeste der Welt getan. Er hat es mit Schokolade gesagt.

Michelle McLean

Umweltfreundliche Bohnen

Heute stammen zwei Drittel der Weltkakaoproduktion aus Afrika, aber bis zum Zeitpunkt der Erdölfunde war Venezuela der Hauptexporteur von Kakao.

An der karibischen Küste des Landes und rund um die Ufer des Maracaibo-Sees steigt bei vielen venezolanischen Kakaoproduzenten inzwischen die Nachfrage wieder, nachdem sie vor Kurzem zum biologischen Anbau übergegangen sind.

Heute werden ihre Kakaobohnen von vielen Schokoladengourmets bevorzugt. Biobohnen erzielen einen bis zu viermal höheren Preis als andere Bohnen, was ein gewisser Ausgleich für den arbeitsintensiven Anbau ist. Die sortenreinen venezolanischen Kakaobohnen sind bei Experten beliebt, weil sie eine reinere, aromatischere Kakaomasse ergeben.

Zum Fingerabschlecken gut!

Schokolade bringt jeden zum Lächeln –
sogar Banker.

Der Chocolatier Benneville Strohecker

In dem Augenblick, in dem ich die Packung mit der Brownie-Backmischung im Küchenschrank sah, war ich verliebt. Brownies! Gibt es irgendetwas in dieser großen weiten Welt, das genauso gut riecht und genauso gut schmeckt wie frischgebackene, mit Schokolade beladene Brownies?

Jahrelang war ich verrückt nach den köstlichen Brownies, die meine geliebte Oma Elsie machte. Aber jetzt war sie nicht da, um welche zu backen. Alle Anweisungen, um richtige, echte Brownies zu backen, standen jedoch direkt auf der Rückseite der Packung, die ich gerade entdeckt hatte. Es sah so aus, als wären sie supereinfach zu machen, sogar für eine Zehnjährige wie mich. Würden Mama, Papa und Oma Elsie nicht begeistert sein?

Ich kletterte auf einen Stuhl und stellte mich auf die Zehenspitzen, um mir die Packung herunterzuhangeln, die auf dem obersten Regalbrett stand. Sobald ich sie auf der Küchenanrichte hatte, las ich sorgfältig die bebilderten Anweisungen. Ein Kinderspiel! Messbecher, Rührschüssel, Backform und Ei, her mit euch!

Ich öffnete das obere Ende der Packung, riss den Beutel darin auf und schüttete seinen duftenden braunen Inhalt in die Schüssel. Dann schlug ich das Ei auf und gab seinen glänzenden Inhalt dazu. Als Letztes maß ich sorgfältig eine Zwei-Drittel-Tasse Wasser ab und goss sie dazu. War ich stolz, Bruchrechnen zu können!

Die nächste Anweisung lautete: »Gut von Hand vermischen.« Also schrubbte ich mir noch einmal gründlich die Hände und fing an, die Mischung mit der rechten Hand zu rühren, während ich mit der Linken die Schüssel festhielt. Immer wieder klatschte ich in den Teig, zählte die Schläge und wurde dabei immer aufgeregter. Ich konnte es kaum erwarten, bis die 100 Schläge voll waren und ich den Teig in die wartende Form gießen konnte!

Genau in diesem Augenblick brüllte mein Vater: »Victoria Jean DeNisi! Was zum Kuckuck machst du da?«

Ich grinste: »Brownies.«

»Und was tust du dabei mit deinen Händen?«

Ich nickte Richtung Packungsrückseite. »Alles vermischen natürlich. Siehst du, da steht: ›Alles gut von Hand vermischen.‹« Plötzlich sah ich meine Hände und dann sein Gesicht an. Ups. »Irgendwas nicht in Ordnung?«

Er begann schallend zu lachen. »Spätzchen«, rief er, während er eine Schublade aufmachte und einen großen Holzlöffel herauszog, »doch nicht mit bloßen Händen! Du solltest das hier benutzen!«

»Oh!« Ich starrte den Holzlöffel und dann meine Hände an, die ganz und gar mit schwerem braunem Teig zugekleistert waren. »Und wie soll ich dieses Zeug abkriegen?«

Er grinste und zwinkerte. »Na, wie wohl. Abschlecken, nehme ich an.«

Das klang gut. Also machte ich es. Und mache es seitdem immer wieder. Ja, jetzt weiß ich, dass der halbe Spaß beim Brownie-Backen darin besteht, am Schluss den Rührlöffel abzulecken – solange mich niemand sieht, natürlich!

Hmmm! Schokolade! Zum Fingerabschlecken gut. Fast genauso gut wie die Brownies selbst!

Victoria J. Hanson
erzählte diese Geschichte Bonnie Compton Hanson

Schokoladenshake und Schokoladenkuchen

Chemisch gesehen ist Schokolade tatsächlich das perfekte Nahrungsmittel für die Welt.

Michael Levine,
Ernährungsforscher

»Habt ihr in den Nachrichten gehört, dass Schokolade jetzt gut für uns ist?«, sagte meine Schwester Faith. Das Gerücht machte die Runde bei meinen Freunden und in meiner Familie. Schokolade, diese dunkle, gehaltvolle, dekadente Substanz, auf die wir so scharf waren, war also doch gut für uns. Ich rief sofort Papa an, den Schokoladenfachmann unserer Familie.

»Papa, Schokolade ist gut für uns!«, schrie ich ins Telefon, weil Papa im Allgemeinen »Was?« erwiderte, wenn man nicht schrie, um dann zu fragen: »Warum schreist du so?«

»So?« Dieses Mal hörte er mich. »Na denn. Ich esse sie sowieso.«

Mit seinen 85 Jahren hatte Papa Probleme mit der Lunge und dem Herzen, und obwohl er, was Medikamente und körperliche Bewegung anging, die Ratschläge seines Arztes befolgte, aß er, was er wollte.

Der Mann lebte von drei Mahlzeiten am Tag und einer Menge Snacks. Diese Snacks bestanden aus Schokolade: Schokoriegeln, Schokopudding, Schokoeis und verschiedenen anderen Schokoladengenüssen.

Faith und ich erledigten Papas Besorgungen, machten seinen wöchentlichen Einkauf und versuchten, ihm alles zu bringen, was er wollte. Er war krank gewesen und hatte monatelang mit einer Infektion nach der anderen und einer Lungenentzündung im Krankenhaus gelegen. Wenn Papa also ein Frikadellensandwich, Eiscreme oder einen Doughnut essen wollte, beeilten Faith und ich uns, ihm seinen Wunsch zu erfüllen. Aber meistens wollte er Schokolade. Einmal, als Papa im Krankenhaus lag, waren Faith und ich auf einem Schokoladenbesorgungstrip. Als wir mit den Sachen zurückkamen, trafen wir im Aufzug seinen Arzt.

Das Beste beider Welten

Eine groß angelegte wissenschaftliche Studie kam zu dem Schluss, dass der Verzehr von Schokolade bei den meisten Menschen Glücksgefühle auslöst, und zwar schon, bevor sie sie essen. Sie ist eher ein Genuss als eine Sucht. 15 Prozent der Männer und 40 Prozent der Frauen geben zu, Schokoladengelüste zu haben. Die meisten Schokoladengelüste treten am späten Nachmittag oder am frühen Abend auf.

»Herr Doktor, ist es okay, wenn Papa Schokolade isst?« Faith öffnete die Tüte und zeigte dem Arzt die gekauften Schokoriegel.

»Ja, sicher, geben Sie ihm, was er haben will«, sagte der Arzt. »Ich kaufe die Schokolade im XXL-Paket im Großhandel. Ihr Mädels solltet eurem Vater ein großes Paket Schokolade kaufen.«

Offenbar grassierte eine Schokoladenepidemie, und der Arzt war ebenfalls infiziert.

Wir kauften unserem Vater alles an Schokolade, was er wollte, egal, ob er im Krakenhaus war oder zuhause. Er erholte sich nie mehr ganz von den ständigen Infektionen, und kurze Zeit später erkrankte er erneut. Dies würde sein letzter Aufenthalt im Krankenhaus sein. Binnen einer Woche begann seine Lunge zu versagen. Am Montag wurde ihm gesagt, dass er sterben würde, am Dienstag rief er Freunde an, um sich zu verabschieden. Faith und ich verbrachten diese letzte Woche mit ihm. Das Sterben war ihm angenehm. Unsere Mutter war 28 Jahre davor gestorben. In den letzten zwei Wochen hatte Mama Papa in seinen Träumen besucht und ihm gesagt, alles würde gut werden. Am Mittwochabend fragten wir Papa, was er zum Abendessen wolle. Er wollte zwei Dinge: Schokoladenmilchshake und ein Stück Schokoladenkuchen. Die Frau in der Krankenhaus-Cafeteria machte den Schokoladenshake extra für Papa. Meine Schwester und ich fütterten ihn. Papa versuchte, das Glas mit dem Shake in seinen zittrigen Händen zu halten, aber er verschüttete ihn immer wieder. Jedes Mal, wenn er etwas verschüttete, lachte er und fragte: »Joyce, warum verschüttest du meinen Schokoladenshake?« Das war Papas letzte Mahlzeit. Er starb am nächsten Morgen im Schlaf, ein glücklicher Mann. Und wahrscheinlich isst er jetzt im Himmel gerade Schokolade.

Joyce Tres

Schokoladenhasen

Schokolade veranlasst bestimmte endokrine Drüsen zur Ausschüttung von Hormonen, die Ihre Gefühle und Ihr Verhalten dahingehend beeinflussen, dass sie Sie glücklich machen. Also essen Sie viel Schokolade!

Elaine Sherman

Mitten auf dem Küchentisch stand die Schachtel. Sie sah aus wie die mit Pastellfarben vollgewirbelte Palette eines Künstlers. An der Schachtel lehnte ein riesengroßer Umschlag, auf dem auf der Vorderseite in winzigen, ungleichmäßigen Buchstaben das Wort *Liebling* stand. Ich nahm den Umschlag in die Hand, und dahinter kam ein Zellophanfenster zum Vorschein, aus dem mich ein Schokoladenhase angrinste. Mein Herz sang bei den liebevollen Worten, die überall auf die Karte ziseliert waren, und ich rannte lachend ins Schlafzimmer, wo mein Mann gerade seine Karte aufmachte und seinen Schokoladenhasen bewunderte. Wir versteckten unsere Hasen Seite an Seite im Schlafzimmer, als wären sie ein dunkles Geheimnis, das hinter verschlossene Türen gehörte und nicht für Gäste bestimmt war. Diese Tradition begann an unserem ersten gemeinsamen Osterfest als verheiratetes Paar. 37 Jahre und 74 Hasen später hat sich daran nichts geändert.

In den ersten Jahren kuschelten wir zusammen vor dem Fernseher, bevor ich in der Küche verschwand, um als Erste meinen Hasen zu opfern. Mit einem scharfen Messer schnitt ich ein ordentliches Stück Schokolade ab und teilte es in möglichst gleich große Stücke. Ich genehmigte mir ein oder zwei Stückchen, vielleicht auch mehr – mein Gedächtnis ist in dieser Hinsicht ein bisschen unscharf –, bevor ich die Schokolade auf einen Servierteller legte und meinem Mann anbot. Er nahm nur ein kleines Stück und sagte: »Ich möchte nichts mehr.«

Ich flüsterte ein Dankgebet und mümmelte gut gelaunt den Rest auf, bis alles weg war. An diesem Abend und denen darauf tat er so, als würde er nichts merken, wenn ich das Ritual wiederholte, bis der Hase verschwunden war. Traurig leckte ich die Schokoladenreste von der Folie und gab die gelben Augen aus Zucker unserem Hund.

Der Hase meines Mannes blieb in seiner farbenfrohen Schachtel. »Wann machst du deinen Hasen auf?«, fragte ich.

»Diese Schokolade macht dich ganz verrückt«, sagte er und grinste von einem Ohr zum anderen.

Ohne meine Hilfe, so beschloss ich, würde er seinen Hasen nie essen, also hackte ich ihm (dem Hasen) den Kopf ab, verpackte ihn in eine Sandwichtüte und legte ihn zum Lunchpaket für meinen Mann. An diesem Abend kam er nach Hause und sagte: »Leg mir nie wieder einen Hasenkopf in mein Lunchpaket. Die Jungs bei der Arbeit werden mich bis an mein Lebensende daran erinnern.«

Nach diesem Vorfall machte ich mit seinem Hasen das Gleiche wie mit meinem. Aber ich war fair, denn ich fing am Tag nach Ostern mit meinem Hasen an und sparte seinen bis zur darauffolgenden Woche auf.

Ungefähr im zehnten Jahr unserer Ehe beschloss ich, zu warten und zu sehen, wie lange mein Mann seinen Hasen aufbewahren würde. Ein Jahr später vergoss ich echte Tränen darüber, den Schokoladenhasen entsorgen zu müssen. Noch an Ort und Stelle gelobte ich, nie mehr einen Hasen verkommen zu lassen.

Zum nächsten Osterfest kaufte ich für meinen Liebsten einen in Folie gepackten Hasen und dachte über neue Möglichkeiten nach. Am Montag nach Ostern aßen wir meinen Hasen. »Wir« ist vielleicht übertrieben.

Ich fing frühmorgens an, biss dem Hasen die Ohren ab und gelobte, den Rest für später aufzusparen. Um die Mittagszeit herum nahm ich den Hasen aus der Schachtel, brach ihm den hohlen Kopf ab und stopfte ihn mir in den Mund. Mein Mann ging durch die Küche und warf einen Blick auf meine Hamsterbacken.

»Willst du ein Stück Schokolade?« Ich knabberte um die knusprigen gelb-blauen Augen herum.

Er schüttelte den Kopf und lachte. »Du kannst ihn nicht in Ruhe lassen, was?«, sagte er.

»Ich könnte, wenn ich wollte«, dachte ich, während ich die Metallfolie abriss und die Schokoladenreste ableckte.

Der Hase war verputzt, bevor die Sonne unterging.

Der Hase meines Mannes stand Tag für Tag auf der Anrichte. Ich war entschlossen, ihn in Ruhe zu lassen, wenn er ihn innerhalb eines Monats aufaß. Aber es kam der Tag, an dem ich es nicht mehr ertragen konnte. Mit einer leichten Berührung öffnete ich das untere Ende der Hasenschachtel und zog die gefalzte weiße Unterlage heraus, auf der er stand. Irgendwie hatten diese gerissenen Marketingleute den Hasen in ein Loch gestellt, das in den Karton geschnitten war. Ich ruckelte und drehte an dem in Folie verpackten Hasen, aber er widersetzte sich meinen Bemühungen. Mit einer Schere schlitzte ich schließlich den Karton auf und zog den Hasen heraus, und schon beim Geruch der Schokolade lief mir das Wasser im Mund zusammen. Ich packte seine unteren Extremitäten aus und biss ihm die Füße ab. Vorsichtig wickelte ich den Hasen wieder ein und stellte ihn in die Schachtel zurück. An diesem Abend sah mein Mann den Hasen auf der Anrichte nicht einmal an.

In den darauf folgenden Tagen wiederholte ich den Vorgang und arbeitete mich von den Knien zum Bauch vor, dann zur Brust und zum Hals. Ich beglückwünschte mich zu meinem genialen Plan, bis eines Tages mein Mann vor der Anrichte stehen blieb und sagte: »Warum ist mein Hase so klein?«

Was sollte ich sagen? »Er ist geschrumpft.« »Er hatte von vornherein eine Macke.« »Er ist geschmolzen.« Es war egal, was ich sagte, denn mein Mann hörte nicht zu. Er riss die Schachtel auf und lachte schallend.

Es machte mich wirklich verrückt.

Aber dann entfernte er die Metallfolie und übereichte mir den Schokoladenkopf – und ich vergab ihm. Wer könnte auf einen Mann sauer sein, der einem seinen letzten Bissen Schokolade überlässt?

Liebe und Vergebung sind die Grundpfeiler einer dauerhaften Partnerschaft, aber ein bisschen Schokolade auf dem Weg dorthin versüßt die Reise.

Linda Kaullen Perkins

Ein Löffel Fudge

Es gibt nichts Besseres als einen guten Freund –
bis auf einen guten Freund mit Schokolade.

Linda Grayson

Wirbeln Sie mit mir in der Zeit zurück zu einer lieben Erinnerung, zu einem Tag Mitte Dezember 1947.

Unter der Anleitung meiner Lehrerin plante die dritte Klasse die Weihnachtsfeier, die am letzten Tag vor den Weihnachtsferien stattfinden sollte. Der mit unseren Kunstwerken geschmückte echte Weihnachtsbaum ließ unser Klassenzimmer bereits recht festlich aussehen. Ausgeschnittene Papierschneeflocken verzierten die hohen Fenster, und in unserer freien Zeit hatten wir Ketten aus Bastelpapier angefertigt, die nun überall im Raum hingen.

Aber jetzt lag der wichtigste Teil der Vorbereitungen vor uns. Miss Marshak fragte, wer Weihnachtsservietten, Plätzchen und Punsch mitbringen könne.

»Und was wäre für die Feier noch schön?«, fragte sie.

Ein Junge in der letzten Reihe brüllte: »Fudge!«

Nach dieser einsilbigen Antwort setzte ich mich kerzengerade hin und reckte die Hand in die Luft. Als Miss Marshak mich nicht sofort aufrief, hüpfte ich wild gestikulierend auf meinem Stuhl auf und ab.

»Ja, Nancy«, sagte sie schließlich.

»Ich will das Fudge mitbringen. Meine Mutter macht das beste Fudge der Welt.« Beim Gedanken an die cremige, üppige Schokoladensüßigkeit, die meine ganze Familie liebte, lief mir das Wasser im Mund zusammen.

Ich konnte es kaum erwarten, nach Hause zu kommen und meiner Mutter zu erzählen, dass ich mich bereit erklärt hatte, für die Feier Fudge mitzubringen. Sie wäre sicher ganz aufgeregt, ihr spezielles Fudge an all meine Klassenkameraden verteilen zu können. Ich spürte kaum die kalte Dezemberluft, als ich die sechs Blocks von der Schule zu unserem Haus hastete. Meine Füße flogen geradezu über die Stufen, als ich die drei Treppen zu unserer Tür hinaufhechtete.

Mutter hörte mit dem Kartoffelschälen auf, als ich in die Küche platzte. Ich verkündete die große Neuigkeit, bekam aber nicht die Reaktion zu sehen, die ich erwartet hatte. Ihr Gesicht wurde blass. »Fudge? Kannst du nichts anderes mitbringen?«

»Nein. Für den Rest haben andere Kinder sich gemeldet.« Meine Aufregung fiel in sich zusammen wie ein angepiekster Luftballon.

Was stimmte da nicht?

Mutter zuckte mit den Schultern, nahm den Kartoffelschäler wieder in die Hand und sagte: »Okay. Ich mach das Fudge.«

Die Dezembertage glitten vorbei. Ich half Mutter, unsere

Weihnachtsdekoration anzubringen. Papa nahm meine Brüder und mich zum Baumaussuchen mit, und Mutter brachte ihre Tage damit zu, Päckchen zu verpacken und leckere Plätzchen und Weihnachtskuchen zu backen. In der Schule übten wir unseren Teil für das Musikprogramm der Schule ein, lasen im Leseunterricht Weihnachtsgeschichten und dachten uns im Sprach- und Literaturunterricht unsere eigenen aus. Das Gekicher wurde lauter, je näher Weihnachten heranrückte.

Schließlich kam der Tag vor der Feier. Unsere Lehrerin ging eine Checkliste durch, um sicher zu sein, dass jeder sich an das erinnerte, was er am nächsten Tag mitbringen sollte. Wie hätte ich es vergessen können? Ich hatte jeden Tag an das köstliche Schokoladenfudge gedacht, das Mutter machen würde. Fast konnte ich schmecken, wie cremig es war und welche Süße es im Mund hinterließ.

Als ich an diesem Nachmittag nach Hause kam, weinte mein kleiner Bruder, und meine Mutter sah so aus, als würde sie am liebsten mitweinen. »Was ist los?«, fragte ich. Meine Sorge galt nicht dem Baby oder meiner Mutter, sondern dem Fudge.

Mutter sank in einen Küchenstuhl. »Ich hab heute drei Ladungen Fudge gemacht, und keine ist was geworden. Es ist immer zu weich. Ich kann es nicht in die Schule schicken.«

Ich hatte keine Ahnung, warum sie so verunsichert war. Fudge war immer weich und flüssig. Wir löffelten es jedes Mal auf. »Warum?«, war das Einzige, was mir einfiel.

»Nancy«, sagte meine Mutter, »Fudge isst man normalerweise nicht mit dem Löffel. Es sollte so fest sein, dass man ein Stück in die Hand nehmen und in den Mund stecken kann. Ich rühre und rühre, aber es ist so, wie es immer ist, wenn ich es mache. Zu weich. Und heute hab ich es dreimal versucht!«

Tränen stiegen ihr in die Augen, und mein kleiner Bruder streckte sein Händchen aus und tätschelte ihr die Wange. Bestimmt spürte er, wie niedergeschmettert sie war. Wie konnte ich dieses Fudge in die Schule bringen? Ich liebte das Fudge meiner Mutter, aber die anderen würden es vielleicht nicht mögen. Vielleicht würden sie lachen, wenn sie es sahen. Ich nahm allen Mut zusammen und fragte: »Und was sollen wir jetzt machen?«

Am nächsten Morgen trug ich einen großen Topf Fudge und einundzwanzig Löffel in die Schule.

Die weiche Leckerei war der Hit der Feier. Nach dem Punsch und den Plätzchen versammelten sich alle mit dem Löffel in der Hand um den Topf mit dem Fudge und stopften sich voll. Meine Ängste bekam niemand mit. Einer der Jungen leckte seinen Löffel ab und sagte: »Du hattest Recht. Deine Mama macht das beste Fudge der Welt.« Aus dem ganzen Kreis kamen zustimmende Echos. Wir tauchten die Löffel ein und aßen weiter.

Ein paar Jahre später fing Mutter an, das Fudge nach einem neuen Rezept zu machen, das Marshmallows-Creme enthielt. Die Werbung versprach, es wäre idiotensicher – jedes Mal festes Fudge. Es war nicht schlecht, aber das gelöffelte weiche Fudge, das wir in den Jahren zuvor gegessen hatten, blieb mir das liebste.

Nancy Julien Kopp

Die schokoladensüchtige Oma

Die beste Möglichkeit, in einem heißen Auto zwei Tafeln Schokolade vom Geschäft nach Hause zu befördern, besteht darin, sie auf dem Parkplatz zu essen.

Verfasser unbekannt

Als ich die Oma meines Mannes kennen lernte, fiel mir als Erstes auf, dass sie Schokolade noch mehr zu mögen schien als ich. Vielleicht lag es an der Art, wie sie ihre Schokoladengelüste und ihren Vorrat geheim hielt. Wenn jemand Oma ein Schokoladengeschenk machte, entschuldigte sie sich und versteckte ihre Beute.

Später, als meine zwei kleinen Jungen fragten, ob sie etwas von ihrer Schokolade abhaben könnten, erwiderte sie im Allgemeinen, sie hätte vergessen, wo sie das goldene Ei hingelegt hätte.

»Oma wird alt und vergisst, wo sie die Sachen hinlegt«, sagte sie dann. »Wenn ihr Kinder weg seid, wird mir wahrscheinlich wieder einfallen, was ich mit der Schokolade gemacht habe, und dann könnt ihr das nächste Mal etwas haben, wenn ihr mich besuchen kommt.«

Aber ein nächstes Mal gab es nie. Die Kinder dachten bei ihrem nächsten Besuch immer daran, Oma zu fragen, und jedes Mal hatte sie keine Ahnung, was sie mit ihrer Schokolade gemacht hatte. Welche Oma würde ihre Schokolade nicht mit Kindern teilen?

Oma weigerte sich, eine Haushälterin einzustellen – sie hatte Angst, die wäre nur hinter ihrer Schokolade her. Wir ermunterten sie, eine eigene lokale Schokoholiker-Selbsthilfegruppe zu gründen, damit sie von anderen Frauen ihres Alters, die gerne Schokolade aßen, Hilfe bekommen konnte. Sie sträubte sich. »Warum soll ich in meinem Alter aufhören, Schokolade zu essen? Es ist das Einzige, was ich im Leben noch habe.«

Also gewöhnten wir es uns ab, Oma wegen ihrer Sucht zu nerven, und lernten, mit ihrer Abhängigkeit von der Kakaobohne zu leben, denn wie sie uns ständig ins Gedächtnis rief: »Es ist besser, Schokolade zu essen, als Whiskey zu trinken.«

Jedes Jahr fragten wir: »Oma, was möchtest du zu Weihnachten?«

»Na ja, ich weiß nicht, ob euch klar ist, wie gern ich Schokolade esse, aber ein bisschen Schokolade wäre wirklich nett, je dunkler, desto besser. Natürlich ist es nicht gut für mich, deshalb brauche ich nicht viel.«

Jahr für Jahr machte Oma ein Geschenk nach dem anderen auf. Da gab es Minzplätzchen in Edelbitterschokolade, Edelbitterschokoladenkaramellen, Trüffelpralinen aus Edelbitterschokolade, mit Edelbitterschokolade überzogene Erdbeeren und Erdnüsse in Edelbitterschokolade. Sobald sie das letzte Geschenk ausgepackt hatte, verschwanden diese Gaben augenblicklich und mit zustimmendem Nicken genauso wie die acht winzigen Rentiere des Weihnachtsmannes in ihrem Geheimversteck.

Oma wird nächstes Jahr 90, und wir sind mit der Festplanung beschäftigt. Ich habe schon vorgeschlagen, dass es Schokoladenkuchen, Schokoladeneis, Schokoladentorte, Schokoladensoufflé, Schokoladenbretzeln, Cookies mit Schokoladensplittern, Schokoladenblumen, Schokoladenballons und zum Trinken heiße Schokolade geben soll. Aber von so viel Schokolade wird den meisten von uns wahrscheinlich schlecht.

Es ist nie genug!

Die Schweizer essen pro Kopf mehr Schokolade als alle anderen Nationen, nämlich knapp elf Kilo Schokolade jährlich. Bei den Amerikanern sind es fünf Kilo. Die Briten liegen mit etwa acht Kilo Schokolade (oder rund 180 Schokoriegeln) pro Person und Jahr im mittleren Bereich. Sie geben für Schokolade mehr Geld aus als für Obst und Gemüse zusammen.

Deshalb haben wir Oma gefragt, was sie sich zu ihrem neunzigsten Geburtstag wünscht, und sie hat geantwortet: »Es wäre nett, eine Kreuzfahrt zu machen. Ich habe gehört, man kann essen, so viel man will und wann man will, und meine Freundin Mabel sagt, sie hätten dort die besten Schokoladendesserts, die sie je gegessen hat.«

Wir haben mit Oma eine Übereinkunft geschlossen: Wenn

sie die Schokoladensachen, die sie dieses Jahr zu Weihnachten bekommen hat, mit uns teilt, schicken wir sie zu ihrem Geburtstag auf eine Kreuzfahrt. Meine Meinung ist: Lasst sie doch ihre Schokolade essen und auf der Kreuzfahrt ihren Schokoladenkuchen. Denn wenn sie nicht wäre, würden wir unsere eigene Schokoladensucht wahrscheinlich nicht so genießen.

L. J. Martin

Jemandes süßer Schatz

Stress wäre nicht so schwer zu ertragen,
wenn er einen Schokoladenüberzug hätte.

Verfasser unbekannt

Der Valentinstag stand bevor, und ich dachte mit Schrecken daran. In den vergangenen drei Jahren hatte die Tri-Hi-Y-Mädchen-Organisation meiner Highschool an diesem Tag unter dem Motto »Wählt eure Südstaaten-Süße« eine Veranstaltung organisiert. Dabei wurden die Freunde und Väter der Mädchen ermuntert, für ihr Sweetheart große rote, mit Schokozeugs gefüllte Herzen zu kaufen. Der Erlös war für wohltätige Zwecke bestimmt. Ich war viel zu schüchtern und zurückhaltend, um einen Freund zu haben, und ich wohnte nicht mehr bei meinem Vater, seit ich fünf war. Deshalb würde in der ersten Stunde auf meiner Schulbank kein mit Süßigkeiten gefülltes rotes Herz liegen – wieder einmal. Damals gab es an der ganzen Schule nur eine Handvoll Kinder aus Scheidungsfamilien. An solchen Tagen hatte ich das Gefühl, anders zu sein. Ich fühlte mich wie das kleine Mädchen, das sein Gesicht an der Fensterscheibe plattdrückt und von draußen nach drinnen späht.

Ich konnte sicher sein, dass Mama vom Valentinstag keine Notiz nehmen würde. Sie zog vier Kinder alleine groß, ging arbeiten, um über die Runden zu kommen, und hatte kaum die Zeit, Weihnachten richtig zu würdigen. »Pack das Blüschen ein, das ich dir letzte Woche gekauft hab, und leg es für dich unter den Baum«, wies sie mich an, bevor sie zur Arbeit hastete. Die meiste Zeit war sie humorlos und schlecht gelaunt. Deshalb hätte ich an diesem rauen Wintertag nicht überrascht sein sollen, als sie während eines ihrer vielen Nervenzusammenbrüche verkündete, mit der Mamashow sei jetzt Schluss. »Ruf deinen Vater an, er soll kommen und dich abholen. Jetzt ist er dran«, schnauzte sie. Trotzdem war ich total überrascht. Ich half ihr nach Kräften, machte das Abendessen, den Abwasch, die Wäsche, sogar die Fenster putzte ich.

Aber sie hatte sich entschieden. Das bedeutete für mich, dass ich in dem einen Moment mit einer Handvoll guter Freunde in Tennessee lebte, und im nächsten in North Carolina war, mit einem Vater, den ich kaum kannte, sowie einer Stiefmutter und einer Schwester, denen ich davor nur sehr selten begegnet war. Meine Welt geriet beinahe unkontrollierbar aus den Fugen, aber mein Vater ließ das nicht zu. Jeden Abend am Abendbrottisch fing er mit etwas an, das die Familie schließlich »Daddys Abendessen-Vorstellung« nannte. Ich lachte bei seinen Witzen und Kaspereien, bis ich mir fast in die Hose machte! Das Lachen und die Liebe machten den Übergang für mich erträglich.

Kurz nach meinem Einzug hielt ich an einem Laden an, weil ich für meine Stiefmutter etwas kaufen sollte. Die vielen Süßigkeiten in der Auslage machten mir bewusst, dass der Valentinstag näher rückte. Ich war so damit beschäftigt gewesen, mich auf die neue Highschool und die fremde Umgebung einzustellen, dass ich nicht mehr an ihn gedacht hatte. Die Tatsache, dass ich an der neuen Schule nicht das einzige Mädchen sein würde, das in der ersten Stunde keine rote, herzförmige Schachtel mit Schokoladeninhalt auf der Bank stehen hatte, tröstete mich einigermaßen.

Als ich nach Hause kam, stand meine kleine Schwester Ren auf der Schwelle zu meinem Zimmer und zeigte auf mein Bett. Auf dem Kopfkissen war ein Berg mit allem möglichen Schokoladenzeug aufgestapelt, und auf einem Zettel stand in der Handschrift meines Vaters: »Alles Liebe zum Valentinstag von der legendären Valentinstagsfee«. »Ich hab auch welche bekommen«, lächelte Ren. Mein Vater erklärte uns sein Alter ego so: Weihnachten kommt der Weihnachtsmann, Ostern versteckt der Osterhase die Eier – irgendjemand musste sich schließlich auch um das Valentinstagsgeschäft kümmern.

Ich lachte, bis mir die Tränen kamen, und ließ mich dann neben dem Stapel folienumhüllter Schokolade und der Karte nieder, bei der ich immer noch grinsen musste. Und dann dämmerte es mir – ich fühlte mich nicht mehr wie das kleine Mädchen, das sein Gesicht an der Fensterscheibe platt drückt, nach drinnen schaut und sich verzweifelt wünscht, hineinzudürfen. Ich gehörte dazu, ich war jemandes süßer Schatz.

Sieben Monate später ging ich nach Kalifornien aufs College. Immer, wenn der Valentinstag näher rückte, fand ich ein Päckchen in der Post – eine Schachtel Pralinen und eine Karte mit dem Absender: von der legendären Valentinstagsfee. Ich schickte meinem Vater stets einen Valentinsgruß mit dem gleichen Absender. Jahrzehntelang wiederholten wir das an jedem Valentinstag.

Im letzten September ist Papa gestorben. Die Tage kommen und gehen und ich vermisse sein Lachen. Die ganze Familie vermisst es.

Der Valentinstag walzte heran, und meine jüngste Tochter Ashley kam vom College übers Wochenende nach Hause. Ich ging in mein Schlafzimmer, und auf meinem Kissen lag ein Stapel mit Pralinen und ein in Ashleys Handschrift beschriebener Zettel, auf dem stand: »Alles Liebe zum Valentinstag von der legendären Valentinstagsfee«. Wie stolz wäre mein Vater, wenn er wüsste, dass die Legende, die Liebe – und die Schokolade – weiterleben!

Linda Newton

Schokoladenkomplizen

Wenn geschmolzene Schokolade Ihre Händen bekleckert, essen Sie zu langsam.

Verfasser unbekannt

Das erste Mal geschah es an einem sonnigen Herbstnachmittag des Jahres 1964. Meine fast achtjährige Schwester Annette und ich waren damit beschäftigt, einen gigantischen Haufen Laub direkt vor der Schaukel zusammenzurechen. Gerade, als wir uns daran machten, unsere Rechen hinzulegen und uns auf die Schaukel zu schwingen, rief Mama uns ins Haus. Wie immer zögerten wir ein bisschen, denn wir wussten nie, ob wir auf Ärger oder einen Teller mit frisch gebackenen Cookies zusteuerten.

Dieser Tag war ein Wendepunkt.

»Ihr Mädchen müsst für mich einkaufen gehen«, sagte Mama. Sie brauchte Makkaroni, zwei Dosen Gemüsesuppe und eine Dose Mais fürs Abendessen.

»Barbie, du bist für das Geld verantwortlich«, sagte sie und gab mir einen Fünf-Dollar-Schein.

Wir sprangen auf unsere Fahrräder und freuten uns, in einer Mission unterwegs zu sein. Zwei und einen halben Block und zwei und eine halbe Minute später stellten wir unsere Fahrräder ab und gingen einkaufen.

Annette und ich suchten die vier Artikel zusammen, die wir auf unserer mentalen Liste hatten, während die Angestellte an der Kasse wartete. Wir ließen die vier Artikel auf das Band gleiten.

Mindestens haltbar bis

Alte Schokolade bekommt einen weißlichen Schimmer. Handelsübliche Schokolade hat eine Haltbarkeit von etwa acht Wochen, während hochwertige Spezialitätenschokoladen am besten schmecken, wenn sie innerhalb von zwei Wochen verzehrt werden.

Dann stand meine kleine Schwester vor einem Dilemma. Was sollte sie tun, wenn zum ersten Mal keine Mama und kein Papa dabei war und sie nicht betteln konnte: »Kann ich das haben?« Sie sah natürlich, während sie angesichts der Auswahl an Versuchungen, die sich direkt vor ihrer Nase befanden, auf einen Hershey's-Riegel zeigte, ihre ältere Schwester an. Ich, fast zehn und viel vernünftiger, reagierte sofort auf ihre bittenden Augen.

»Hol mir auch was«, flüsterte ich, und als sie nach dem Riegel griff: »Nein, einen Crunch-Riegel.«

Unsere kleinen Herzen pochten laut, aber die Kassiererin tippte unsere Einkäufe einfach ein und legte sie in eine Tüte.

Ich stopfte mir das Wechselgeld in die Jackentasche und zog den Reißverschluss zu. Wir verstauten die Tüte sicher im Fahrradkorb, fuhren um die Ecke und waren damit außer Sichtweite der Kassiererin. Sobald wir vorsichtig angehalten hatten, griff ich in die Tüte und gab Annette ihren Hershey's-Riegel. Wir stopften uns die Verpackung in die Hosentaschen und fuhren auf unseren Fahrrädern weiter, während wir unsere Süßigkeit aßen. Wir fuhren so langsam nach Hause, dass es schwierig war, die Fahrräder aufrecht zu halten. Drei Häuser von zu Hause entfernt, waren wir beide mit dem Essen fertig und mussten anhalten. Wir zeigten uns gegenseitig unsere Zähne, überprüften unsere Jacken auf Krümel und suchten nach anderen verräterischen Hinweisen auf unsere kleine Missetat.

Stolz übergaben wir Mama die Tüte und das Wechselgeld. Ihr anerkennendes Lächeln erwiderten wir unsererseits mit einem großen – bei dem wir für alle Fälle den Mund geschlossen hielten. Der Kassenbon beunruhigte uns nicht. Vielleicht, weil wir wussten, dass Mama nicht so war wie Oma, die jeden einzelnen Artikel mit dem Kassenbonaufdruck verglich, um sicherzugehen, dass ihr nicht zu viel berechnet worden war.

Ja, dieser Tag war ein Wendepunkt, und ich glaube nicht, dass uns Schokolade je wieder so viel Spaß gebracht hat. Wie bei vielen ersten Erfahrungen versucht man oft, diesen anfänglichen beschwingenden Rausch zu wiederholen.

Von diesem Tag an vertraute Mama uns mindestens einmal wöchentlich eine kurze Einkaufsliste und eine Fünf-Dollar-Note an.

Bis zum Winter hatten wir unsere Vorgehensweise perfektioniert. Der Winter war überhaupt ideal für die Sache. Wir mussten zu Fuß gehen und hatten deshalb mehr Zeit, unsere Süßigkeit zu genießen, und wir konnten alle Beweise mit Schnee wegwischen.

Manchmal variierten wir unser übliches Vorgehen und kühlten unsere Schokolade im Schnee. Bei anderen Gelegenheiten forderten wir uns zu kleinen Mutproben heraus. Zum Beispiel sagte ich in der Kassenschlange laut zu Annette: »Mama will ein Nuts.« Doppelt genial! Der kurze Kommentar brachte die Angestellte aus dem Konzept (möge sie uns nie auf die Schliche kommen) *und* wir bekamen einen Schokoriegel mehr, den wir teilen konnten.

Im Lauf der Monate bekam Mama immer mehr Zutrauen zu uns. Es gefiel ihr, zu sehen, wie eifrig wir ihr halfen, bei ihren täglichen Aufgaben Zeit zu sparen.

Dann kam der Frühling, und im April konnten wir wieder unsere Räder nehmen. An diesem Tag gab Mama mir ein dickes Bündel Ein-Dollar-Scheine und eine geschriebene Liste, denn dieses Mal waren es zu viele Sachen, um sie alle im Gedächtnis zu behalten. Auf der Liste stand: 300 Gramm Schinken, ein Kopfsalat, ein Weißbrot, eine Flasche Salatdressing, zwei Dosen Tomatensuppe, ein Paket Cracker, ein Hershey's-Riegel, ein Crunch-Riegel und ein Nuts.

Barbara Paulson

Im Notfall Scheibe einschlagen

Das Zwölf-Schritte-Programm für Schokoholiker:
Ich bin nie mehr als zwölf Schritte von Schokolade entfernt!

Terry Moore

Endlich! Du bist wieder da!«, sagte ich mit gespieltem Vorwurf zu meinem Mann, der von der Arbeit nach Hause kam und auf die Eingangstür zusteuerte. »Die drei Tage, die ich hier allein mit den kranken Kindern festsaß, hab ich kaum überlebt.« Sobald er an der Schwelle war, packte ich ihn an der Brusttasche seiner Eisenbahnerlatzhose, schmiegte mich an ihn, gab meiner Stimme einen tiefen, möglichst bedrohlichen Tonfall und forderte zwischen zusammengebissenen Zähnen: »Ich brauche Schokolade, und zwar sofort.«

Mein nur mäßig erschütterter Mann versuchte, ein Grinsen zu verbergen, und erwiderte: »Für solche Notfälle hab ich welche versteckt.«

»Was? Die ganze Zeit über war welche im Haus?« Statt dankbar zu sein, dass er so vorausschauend war, ärgerte ich mich darüber, unnötig ohne Schokolade ausgekommen zu sein. Aber mein umgänglicher Mann stritt nicht mit mir. Er setzte einfach seine Arbeitstasche in der Diele ab und verschwand im Schlafzimmer, um die Schokolade zu holen, die, wie er hoffte, wie immer die knurrende Bestie beruhigen würde, die seine Frau war.

»Sie ist im Schlafzimmer?«, fragte ich und folgte ihm.

»Offensichtlich funktioniert deine Nase nicht so gut wie sonst«, feixte er und gab mir den Schokoriegel.

Er sah nach unseren kranken Kindern, strich ihnen sanft über die Stirn und bedauerte sie dafür, nicht nur Grippe zu haben, sondern außerdem mit einer grummelnden Mutter eingesperrt zu sein. Ich riss unterdessen den lang erwarteten, im Mund zerschmelzenden Milchschokoladeriegel mit cremigem Nougat und Erdnüssen auf. *Aah.*

Woher wusste er, dass ich Schokolade brauchte? Das Bedürfnis schien regelmäßig alle 28 Tage wiederzukommen. Aber warum benötigte ich Schokolade, um eine emotional intensive Phase zu überstehen? War es ein Charakterfehler, der mich ein für alle Mal verdammte?

Die Historiker sagen uns, unsere zähen Vorfahren hätten ausgedehnte Hungerphasen überlebt, weil sie für die mageren Zeiten ein Überlebenspolster hatten. War meine Gier also Teil einer starken genetischen Überlebensstrategie? Die natürliche Art und Weise, auf die Generation für Generation überlebt?

Als unsere vier Jungs älter wurden, brachte mein Mann ihnen lachend die Lebensweisheiten bei, die er im Lauf der Jahre gelernt hatte. Mit leuchtenden Augen und leidenschaftlichem Tonfall empfahl er ihnen: »Jungs, nehmt ein Stück Schokolade, legt es in einen Glasbehälter und hängt ihn in eurem Schlafzimmer an die Wand. Wenn der Notfall eintritt, wenn an eurer Schlafzimmertür gerüttelt wird und ihr hört, wie jemand auf der anderen Seite knurrt und faucht, dann zerschlagt das Glas und schiebt die Schokolade unter der Tür durch. Und wenn ihr hört, wie die Verpackung zerfetzt wird, dann macht die Tür auf und rennt um euer Leben!«

Hmm. Wenn er nicht so Recht gehabt hätte, wäre ich beleidigt gewesen.

Ich habe versucht, mir meine Abhängigkeit von Milchschokolade mit Karamellcremefüllung und Bitterschokolade mit Erdnusscreme abzugewöhnen, ich habe es wirklich versucht. Wenn ich meine Favoriten nicht haben kann, lohnt es nicht, sich die Kalorien einzuverleiben. Sie sehen, ich mache Fortschritte.

Durch das alles haben mein Mann und ich unseren Kindern jedenfalls ein Beispiel dafür gegeben, was eine Ehe wirklich ausmacht. Es ist nicht unsere Aufgabe, die harmlosen Gewohnheiten oder Charakterschwächen des anderen zu ändern. Es ist vielmehr unsere Aufgabe, ihn genau so zu lieben, wie er ist, knatschig oder fröhlich, mit oder ohne Rettungsring.

Als wir vor Kurzem meinen ältesten Sohn und seine Frau besuchten, schrie meine hochschwangere Schwiegertochter, als mein Sohn zur Tür ging, um Besorgungen zu machen: »Ich brauche Schokolade!«

»Irgendeine bestimmte?«, fragte er geduldig.

Sie sehen – er hat gut gelernt. Auch seine Generation wird überleben.

Sandy McKeown

Mickeys Scherze

Forscher haben entdeckt, dass Schokolade zum Teil die gleichen Gehirnreaktionen auslöst wie Marihuana. Die Forscher entdeckten auch andere Gemeinsamkeiten zwischen den beiden, aber ich kann mich nicht mehr erinnern, welche es waren.

Matt Lauer, NBC-Today-Show

Mickey, die über achtzigjährige Mutter meiner lieben Freundin Betsy, ist eindeutig der Mensch, der für Betsys ausgefallenen Sinn für Humor verantwortlich ist ... der wiederum einer der Hauptgründe dafür ist, dass Betsy und ich seit 1981 befreundet sind. Ich weiß nicht genau, ob ich Mickey deshalb mag, weil sie jedes Mal, wenn sie von der Ostküste zu Besuch kommt, ein teuflisches Funkeln in den Augen hat, oder weil meine eigene Mutter vor Jahren mit 75 gestorben ist und Mickey für mich eine Art Mutterfigur darstellt. Als unsere Freundschaft wuchs, beschloss ich vor vielen Jahren aus irgendeinem Grund, mit meiner Lieblingsersatzmutter einen »Scherz-Geschenke«-Austausch zu beginnen.

Im Lauf der Jahre haben Mickey und ich das verrückteste Zeug in Geschenkpapier gewickelt, das Sie sich vorstellen können, Kuriositäten, die wir hauptsächlich auf Flohmärkten gefunden hatten und die wir uns inmitten von Spaß und Chaos um die Ohren schlugen, meist in den Weihnachtsferien oder zu Geburtstagen.

Zu einem bestimmten Weihnachtsfest hielt ich bei Betsys Haus an, um Mickey während ihres jährlichen Feiertagsbesuchs zu sehen und mein jährliches »Schrecklicher-geht's-nicht-Geschenk« für sie unter Betsys Baum zu deponieren. Wenn ich es richtig in Erinnerung habe, war es ein grauenhaftes T-Shirt, das ich aus diversen roten und schwarzen Strickquadraten angefertigt hatte, die ich bei einem Ramschverkauf gefunden hatte. Und wie immer lag unter dem Baum auch ein Geschenk von Mickey für mich.

Ich konnte es kaum erwarten, zu sehen, was für ein wertloses, albernes Ding es in diesem Jahr sein würde. Aber als ich das Geschenk aufmachte, entdeckte ich schockiert, dass ich eine Schachtel Whitman's Pralinen, die große, zwei Lagen hoch, in den Händen hielt.

»Mickey!«, rief ich, »Du sollst mir doch kein richtiges Geschenk kaufen, das weißt du doch. Warum hast du das gemacht? Ich hab dir was Blödes geschenkt, wie immer. Ehrlich, das hättest du nicht machen sollen. Aber du weißt, wie sehr ich Schokolade mag. Und deshalb ist das hier ganz ganz lieb von dir.« Ich konnte nicht aufhören, mich überschwänglich über das erste richtige Geschenk zu bedanken, das sie mir gemacht hatte.

Ich stand auf, um sie zu umarmen, und versuchte zu entscheiden, ob ich die Schachtel sofort an Ort und Stelle aufmachen und sie mit allen Anwesenden teilen sollte, oder ob ich sie ungeöffnet mit nach Hause nehmen und jede einzelne Köstlichkeit meines Schokoladenschatzes allein genießen sollte. Insgeheim wollte ich sie mit nach Hause nehmen und mich selbst mit dem Inhalt vollstopfen. Aber Betsy, die auch gern Schokolade aß, hatte andere Vorstellungen.

»Ach los, mach sie jetzt auf«, drängelte sie. Ich wusste, dass sie mit mir zuschlagen wollte, und deshalb gab ich nach, um mein Gesicht zu wahren. Als ich meinen Fingernagel vorsichtig unter die Zellophanverpackung gleiten ließ, die die Pralinenschachtel umhüllte, hoffte ich insgeheim, jeder würde nur ein Konfektstückchen nehmen und mir den Rest lassen. Vorsichtig hob ich den Deckel ab.

Ich kniff die Augen zusammen und starrte die Schachtel an. Mickey hatte es wieder einmal geschafft. Sie hatte jede einzelne Praline in dieser großen Schachtel angebissen.

Wohl bekomm's!

Schon seit 3000 Jahren trinken die Menschen Schokolade in flüssiger Form. Im 16. Jahrhundert machte der Aztekenkaiser Montezuma den spanischen Konquistador Cortez mit seinem Lieblingsgetränk bekannt, das er aus Bechern aus massivem Gold zu sich nahm.

Heute trinken viele Europäer, vor allem Spanier, zum Frühstück heiße Schokolade statt Kaffee. Allerdings sollten Sie heiße Schokolade nicht mit heißem Kakao verwechseln. Es sind zwei verschiedene Getränke. Heiße Schokolade wird aus geschmolzener Schokolade hergestellt, heißer Kakao dagegen aus Kakaopulver.

»Na ja«, meinte sie grinsend, »ich wollte nur, dass du gleich sehen kannst, was in jeder Praline drin ist.«

Ich versuche immer noch herauszufinden, wie sie dieses Kunststück geschafft hat, ohne das Zellophan zu beschädigen. Ich versuche auch herauszufinden, wie ich ihr das heimzahlen kann.

Patricia Lorenz

Der Schokoladendieb

Ich habe drei gute Gründe, Schokolade zu essen:
Ich liebe sie, ich liebe sie, ich liebe sie.

Patricia Lorenz

Ich bin fest davon überzeugt, dass die Ernährungswissenschaftler, die sich die Nahrungsmittelpyramide ausgedacht haben, einen fast unverzeihlichen Aussetzer in ihrem Urteilsvermögen hatten, als sie die Schokolade nicht in ihre Konstruktion einbauten. Es vergeht kaum ein Tag, an dem ich keine Schokolade genieße. Sie ist ganz einfach ein notwendiger Grundbestandteil meiner Ernährung. Abgesehen davon habe ich einen anspruchsvollen Geschmack, und nicht jedes Konfekt wird meinem Standard gerecht. Ich bin bekannt dafür, große Entfernungen zurückzulegen, um die erlesene Schokolade zu bekommen, auf die ich gerade Lust habe.

Meine Schwester kennt meine Schokoladengelüste, und in einem bestimmten Jahr investierte sie zu meinem Geburtstag in eine dekadente Schachtel Konfekt von einem teuren Chocolatier. Die aufwändige, metallic-orangefarbene Schachtel war mit Bändern und einer kunstvollen Schleife verziert. Sie war gewissermaßen eine exklusiv für Schokoladenliebhaber entworfene Schatztruhe. Um zu gewährleisten, dass ihre Investition bis zu meinem Geburtstag sicher war, versteckte meine Schwester das Geschenk sorgfältig auf einem Regal in ihrem Wandschrank. Sie war entschlossen, seinen Inhalt von niemandem – Freund, Feind oder Familienangehörigem – aufbrechen zu lassen.

Sie entdeckte jedoch bald, dass ich nicht das einzige Familienmitglied mit einem Hang zu teurer Schokolade war. Auch Jack wurde, was sie damals nicht wusste, von gehaltvollen dunklen Süßigkeiten angezogen. Obwohl meine Schwester die Schachtel mit den Geburtstagspralinen tief und umsichtig im hintersten Winkel ihres dunklen Wandschranks versteckt hatte, war Jack deren Anwesenheit im Haus nicht entgangen. Aber er war auch ziemlich clever und schnappte sich keinen einzigen karamellüberzogenen Happen, solange meine Schwester zuhause war. Stattdessen wartete er geduldig und plante seine Schokoladenraubstrategie genau.

Schließlich kam seine Chance. Meine Schwester ging aus dem Haus und warf Jack ein gut gelauntes »Schön brav sein!« zu. Sie erinnerte ihn daran, dass sie nur ein paar Minuten weg sein würde. Sobald sie die Haustür zugemacht und abgeschlossen hatte, schlug er zu. Er schlich die Treppe hoch, betrat das Zimmer verstohlen wie ein professioneller Dieb und drückte gegen die Wandschranktür, deren Tendenz, nicht richtig zu schließen, er kannte. Er griff geradewegs zu dem Versteck und zog die Schachtel vom Regalbrett. Sorgfältig entfernte er die

Verpackung. Er legte das Band beiseite, ohne einen einzigen Kringel durcheinanderzubringen, brach die Schachtel auf und begann sofort, sich mit den erlesenen Schokoladenpralinés den Bauch vollzuschlagen.

Als meine Schwester nach Hause zurückkam, spürte sie sofort, dass mit Jack nicht alles so war, wie es sein sollte. Vielleicht war es der schuldbewusste Blick in seinen dunklen, schwermütigen Augen, vielleicht auch der Geruch, der von der mit Schokolade und Himbeergelee verschmierten Nase des Fünf-Kilo-Pudels ausging, der ihn verriet. Was immer es war, ihr wurde mit Schrecken klar, dass der Hund die sündhaft teure Pralinenschachtel entdeckt hatte.

Meine Schwester raste nach oben zum Wandschrank, wobei Jack ihr dicht auf den Fersen folgte, und rang bei dem Anblick nach Luft. Vor ihren Augen lag eine teilweise geleerte Pralinenschachtel. Weder die Schachtel noch das Band wiesen den kleinsten Kratzer oder Bissspuren auf. Von der Schokolade konnte man das nicht sagen.

Die erste Sorge meiner Schwester galt natürlich der Gesundheit ihres geliebten, aber raffinierten Pudels. Ein Anruf beim Tierarzt gab ihr die Gewissheit, dass Jack trotz seiner Eskapade keine Probleme haben würde. Nach mehreren angstvollen Stunden, in denen sie sein Verhalten aufmerksam beobachtete, war klar, dass der Schokoladendiebstahl dem Hund tatsächlich nicht geschadet hatte. Seufzend buddelte meine Schwester ihre Kreditkarte aus den Tiefen ihres Portmonees und bestellte mir zu meinem Geburtstag eine weitere unverschämt teure Schachtel Pralinen. Als die Lieferung kam, sorgte sie allerdings dafür, dass sie gut sichtbar auf einem Regalbrett ganz hoch oben in der Speisekammer aufbewahrt wurde. Da war sie sicherer.

Terri Duncan

[Anmerkung des Herausgebers: Geben Sie stöbernden Vierbeinern keine Chance, an Schokolade zu kommen! Schokolade kann für unsere Haustiere schädlich sein, abhängig von ihrer Größe, ihrem Gesundheitszustand und anderen Faktoren, wie unter anderem, wie viel und was sie sich an Schokoladigem einverleibt haben. Hunde reagieren extrem empfindlich auf Theobromin, ein Stimulanz in der Kakaobohne. Beobachten Sie sorgfältig, ob Ihr Wuffi Anzeichen von Unwohlsein zeigt, und zögern Sie nicht, Ihren Tierarzt anzurufen, wenn Sie ein Problem vermuten.]

»Ich versuche, mich abwechslungsreich zu ernähren.
Ich esse an einem Tag Bitterschokolade, am nächsten Tag weiße Schokolade,
und am übernächsten Tag Milchschokolade.«
Abdruck mit Genehmigung von Aaron Bacall © Aaron Bacall

Die Drehtür

Jedes Mal, wenn ich das Wort Sport sage,
spüle ich meinen Mund mit Schokolade aus.

Verfasser unbekannt

Eine meiner liebsten Freundinnen ist die Schokolade. Schon wenn ich das Wort Schokolade sage, läuft mir das Wasser im Mund zusammen. Die Schokolade ist mir seit meinen Kindertagen eine echte, beständige, richtig feine Begleiterin.

Meine Schwestern und ich kämpfen ständig mit unserem Gewicht. Zucker ist unser Untergang. Zwischen meiner Schwester Linda und mir gibt es den Dauerwitz, dass wir beide noch nie gleichzeitig dünn waren. Wir ermuntern uns immer gegenseitig zum Abnehmen. Wir versuchen, uns zu motivieren, geraten aber immer mit unserer geliebten Schokolade in Konflikt.

An einem bestimmten Wintermorgen stieg ich auf die Waage und weinte. Wie war es nur zu der Zahl gekommen, auf die ich da starrte? Ich schwor, noch an diesem Tag mit einer Diät anzufangen und die Schokolade sein zu lassen, bis ich mein Ziel erreicht hatte. Wie um mir selbst eine Garantie für mein Versprechen zu geben, rief ich Linda an und weihte sie ein. Jetzt war mein Vorhaben in der Welt, und das machte es beängstigend real.

Zu meiner Überraschung verstrichen vier Wochen, und ich hatte nicht ein einziges Mal gemogelt. Ich arbeitete in der Innenstadt und beschloss eines Tages, ein paar Besorgungen zu machen. Während ich durch Chicago schlenderte, sah ich irgendwann auf und stellte fest, dass ich genau vor dem Fannie-May-Süßwarengeschäft darauf wartete, dass die Ampel auf Grün umsprang. Fanny May war meine zweitliebste Schokolade auf der Welt, nach Cadbury.

Als ich in das Schaufenster mit den ausgestellten Schachteln sah, die mit Schokoladenbuttercremecanapés, Schokoladenschildkröten und Schokoladenfudge gefüllt waren, wurden meine Knie schwach. Fast musste ich mich an der Wand des Gebäudes abstützen. Ich spürte, wie meine Entschlossenheit schwand. »Einen Monat«, sagte ich mir immer wieder vor, »du hast es einen Monat ohne Schokolade ausgehalten. Geh weiter. Geh auf die andere Straßenseite. Jetzt.«

Aber ich schaffte es nicht. Der Schokoladengeschmack, den ich schon auf meiner Zunge spüren konnte, hatte das Kommando übernommen. Mein Verstand war ausgeschaltet. Nur meine Geschmacksknospen arbeiteten in Erwartung dessen, was ich dabei war, zu tun. Ich ging zur Drehtür des Ladens und drückte sie fest, damit sie sich möglichst schnell in Bewegung setzte. Als die Tür zum Laden aufschwang, war ich bereit, die Süßwarentheke anzusteuern.

Aber ich stellte fest, dass die Tür sich weiter drehte und ich den Laden nicht betreten konnte. Irgendwie bewegte sie sich so lange, bis ich wieder draußen auf der Straße stand. Schockiert drehte ich mich um und sah hinter mir meine Schwester Linda, die mit ihrer ganzen Kraft die Tür vorwärts schob. Ich hatte mich in den Laden hineingeschoben, und sie hatte mich aus dem Laden herausgeschoben.

Linda war zufällig in dem Augenblick vorbeigekommen, in dem ich schwach geworden war. Sie sah, wie ich meinen Ausflug Richtung Schokolade begann, und rannte so schnell sie konnte herbei, um mich zu retten. Und das tat sie tatsächlich. Wir mussten so sehr lachen, dass mein Bedürfnis nach einer Schokoladendosis für den Moment vorbei war. Der nächste Anfall würde todsicher kommen. Die Frage war nicht, ob, sondern wann, und wo Linda sein würde, wenn ich sie brauchte!

Elynne Chaplik-Aleskow

Gesucht: Ein kühler Tag in Florida

Keine Schokolade … nichts gewonnen.

Verfasser unbekannt

»Stell die Klimaanlage ein bisschen kälter«, sagte ich. Wir saßen in Shorts und T-Shirts da und starrten auf den endlos blauen Himmel vor unseren Fenstern. Wir wohnen in Florida, wo die Temperatur oft um die 33 Grad Celsius beträgt. Es ist das Land der Swimmingpools, der Flipflops und der sonnenüberfluteten Strände. Es ist der Ort, an dem Winter gleichbedeutend ist mit der Frage, ob man einen Pullover anzieht. Schnee gibt es hier nicht. Auch keine Eiszapfen. Die Straßen dampfen vor Hitze. Also stellen meine Kinder und ich die Klimaanlage auf eine niedrigere Temperatur ein und tun so, als wäre es draußen kühl.

Wir haben einen Grund dafür … einen guten Grund, wie wir meinen. Es geht darum, dass wir die einfachen, guten Zeiten genießen, die wir zusammen verbringen. Es geht darum, zu Hause zu sein, in der Küche, und einen dampfenden Topf heiße Schokolade mit schmelzenden weißen Marshmallows obendrauf zuzubereiten. Es ist bei uns zu einer Familientradition geworden, heiße Schokolade zu machen, egal, zu welcher Jahreszeit. Es ist etwas, das uns zusammenbringt. Wenn die heiße Schokolade fertig ist, hat das Videospiel Pause. Das Buch wird zur Seite gelegt. Der Computer muss warten.

Meine Tochter hilft mir, in einem Topf auf dem Herd die Milch zu rühren. Mein Sohn macht eine Tüte mit Marshmallows auf. Ich greife in den Schrank und ziehe unsere drei Lieblingsbecher heraus – die großen. Das Rezept ist einfach: drei Tassen fettarme Milch, eine Drittel Tasse ungesüßter Kakao, eine halbe Tasse Zucker und so viele Marshmallows, wie Sie wollen. Wir erhitzen die Milch, den Kakao und den Zucker langsam, damit die Mischung nicht anbrennt. Meine Tochter unterhält sich mit mir, während sie rührt, und ich hoffe im Stillen, dass es lange dauert, bis die Milch heiß ist.

Wenn mein Sohn Marshmallows in seinen Becher schüttet, fragt er: »Ist sie schon fertig?«

»Noch nicht ganz«, sage ich. Dann greift er mit der Hand in die Marshmallowstüte, steckt ein paar in seinen Mund und lächelt. Wir lassen den Topf auf dem Herd nicht aus den Augen und warten darauf, dass unsere heiße Schokolade zu dampfen anfängt. Wir rühren ständig, und nach und nach erscheinen an der Oberfläche wirbelige Strudel. Das Gebräu schmeckt köstlich und dekadent nach Schokolade. Wenn alle Kakaoklümpchen verschwunden sind, gießen wir unsere selbst gemachte heiße Schokolade über die Marshmallows, die den Becherboden bedecken. Sie gleiten nach oben und werden zum ersten süßen Aroma, das wir schmecken. Manchmal trinken wir unsere heiße Schokolade in der Küche. Aber meistens nehmen wir unsere Becher mit ins Wohnzimmer, fläzen uns auf das bequeme Sofa und die Sessel und genießen es einfach, zusammen zu sein. Ein bisschen kühle Luft. Viel heiße Schokolade. Das Familienleben könnte schöner nicht sein.

J.M. Long

Genau wie die von Oma

Dunkle Schokolade und weiße Schokolade zu gleichen Teilen ergeben eine ausgewogene Ernährung.

Verfasser unbekannt

Obwohl wissenschaftliche Beweise für meine Behauptung fehlen, bin ich mir ziemlich sicher, dass die Liebe zu Schokolade eine genetische Angelegenheit ist. Oma Pete, Papa und ich können den Tag ohne Schokolade nicht überstehen.

Zu unseren Lieblingsformen von Schokolade gehören krosse Schokokugeln. Nicht nur, dass sie beim Backen himmlisch duften, wenn man sie isst, meint man, man würde in einen saftigen Brownie beißen.

Meine Mutter war nie eine große Köchin, und Backen war für sie völlig indiskutabel. Als es daher soweit war, dass ich lernten sollte, mich mit dem Küchenkram zurechtzufinden, musste ich eine andere Informationsquelle finden. Als ich 13 war, plante unsere Familie, an einem der Seen im nördlichen Wisconsin für eine Woche ein Ferienhäuschen zu mieten. Es wäre der perfekte Zeitpunkt, um Papa mit einer Ladung krosser Schokokugeln zu überraschen. Oma Pete schrieb mir das Rezept auf. Es konnte doch nicht so schwierig sein, ein Rezept umzusetzen, oder? Weil man Backzutaten in unserer Küche zu Hause vergeblich suchte, gab Oma mir die 120 Gramm ungesüßte Schokolade mit, die ich brauchen würde. Am Tag vor Urlaubsbeginn machte ich mich, während meine Eltern bei der Arbeit waren, ans Backen. Es war jammerschade, alle Türen und Fenster aufzusperren, damit der Schokoladenduft entweichen konnte, aber ich wollte die Überraschung nicht verraten. Ich kleidete eine Schuhschachtel mit Alufolie aus und verstaute darin die Plätzchen.

Am ersten Urlaubstag überreichte ich Papa stolz meine Plätzchenschachtel. Er war beeindruckt, das konnte man sehen. »Genau wie die von Oma«, prahlte ich. »Ich möchte, dass du der Erste bist, der sie probiert.«

»Hmmm«, er streckte die Hand aus und nahm sich zwei Stück. Aber schon beim ersten Bissen verwandelte sich sein freundliches Lächeln in Bestürzung. »Na ja, vielleicht nicht *genau* wie die von Oma.«

Jetzt war ich mit dem Probieren dran. Und mit einem riesigen »Pffff« sackte mein Stolz in sich zusammen. Ich wusste gar nicht, was ich mit der schokoladenüberzogenen salzigen Angelegenheit in meinem Mund anfangen sollte. Nachdem ich das klebrige Zeug geschluckt und mit einem Glas Wasser heruntergespült hatte, jammerte ich: »Aber ich hab mich an das Rezept gehalten.«

Mama amüsierte sich prächtig. »Es ist nicht so leicht, wie es aussieht, was? Diese Sache, die man Backen nennt.« Sie lachte den ganzen Weg hinunter zum Dock, wo ihre Freundin Milly schon in der Sonne lag. Ich hatte mein Fett weg.

Papa hielt immer noch das Anstoß erregende Plätzchen in der Hand. Plötzlich tunkte er es in den vor ihm stehenden Kaffeebecher. »Es ist gar nicht so schlecht«, log er. Irgendwie brachte er es im Lauf der Woche fertig, alle Plätzchen aus der Schachtel hinunterzuwürgen.

Krosse Schokokugeln

½ Tasse Pflanzenöl · 120 g geschmolzene ungesüßte Schokolade · 2 Tassen Kristallzucker · 4 Eier · 2 TL Vanille · 2 Tassen Mehl 2 TL Backpulver · 1 TL Salz · 1 Tasse Puderzucker

Vermengen Sie Öl, Schokolade und Kristallzucker.
Geben Sie nacheinander die Eier hinein.
Geben Sie die Vanille dazu.
Rühren Sie Mehl, Backpulver und Salz in die Mischung.
Heizen Sie den Backofen auf 180 Grad Celsius vor.
Rollen Sie den Teig zu teelöffelgroßen Kugeln und wälzen Sie sie in Puderzucker.
Legen Sie die Plätzchen rund 6 Zentimeter voneinander entfernt auf ein gefettetes Backblech und backen Sie sie 8–10 Minuten.

Susan Engebrecht

Als ich Oma Pete das nächste Mal sah, gingen wir das Rezept noch einmal durch, das sie Zeile für Zeile für mich aufgeschrieben hatte. Ich erfuhr, dass ein kleines »t« in Omas Sprache »Teelöffel« und nicht »Esslöffel«* Salz bedeutet. Nachdem damit das Geheimnis der missratenen Plätzchen gelüftet war, gab Oma mir noch einmal 120 Gramm ungesüßte Schokolade und ermunterte mich, es erneut zu probieren.

Als Papa in der folgenden Woche von der Arbeit nach Hause kam, sagte ich: »Weißt du was? Ich hab heute gebacken!« Und ich hielt ihm einen Teller krosser Schokokugeln hin.

Über sein Gesicht huschte so etwas wie Panik. Er grinste mich schief an, holte sich einen Becher Kaffee und bereitete sich aufs Eintunken vor. »Versuch's mal ohne Eintunken«, drängelte ich.

Er tat es. Ein Lächeln so groß wie seine Liebe zu mir erhellte die Küche, als er sagte: »Genau wie die von Oma.«

Ich weiß nicht, ob es Papas Bedürfnis nach Schokolade war oder die Entscheidung, mir Mut zu machen, die ihm die Kraft gab, alle krossen Schokosalzkugeln zu essen. Aber ich bin mir ziemlich sicher, dass der Antrieb, nie aufzugeben, eine erworbene Eigenschaft ist.

Susan Engebrecht

* Ein Teelöffel ist im Englischen ein »teaspoon«, ein Esslöffel ein »tablespoon«. (A. d. Ü.)

Entspannende Momente

Schokolade teilen

Wenn jemand meint, die Minuten würden zu langsam vergehen und die Atmosphäre wäre zu schwer zu ertragen, dann lassen Sie ihm einen halben Liter heiße Schokolade mit Ambrageschmack bringen … und es werden Wunder geschehen.

Jean-Anthèlme Brillat-Savarin

Ich lernte das Teilen, als ich klein war, genauso wie alle braven Vorschulkinder. Ich war im dritten Jahr an der Highschool, als mir zum ersten Mal klar wurde, dass ich nicht gelernt hatte, Schokolade zu teilen. Ein attraktiver Schüler aus der vierten Jahrgangsstufe, den ich bewunderte, fragte mich, ob ich mit ihm ins Kino gehen wollte. Ich hatte noch nicht einmal ein Lächeln erwartet, wenn wir in den Schulkorridoren aneinander vorbeigingen, und so schlug mein Herz in den drei Tagen bis zum Rendezvous Kapriolen. In meiner Wirbelsäule kribbelte es rauf und runter, als er während des Films seinen Arm um die Rückenlehne meines Sitzes legte. Anschließend gingen wir Eis essen. Ich saß ihm gegenüber in einer Box aus rotem Vinyl, strich sorgfältig das Tischtuch auf meinem Schoß glatt und bat ihn, für uns beide das auszusuchen, was er am liebsten mochte. Er bestellte einen Schokoladeneisbecher mit zwei Löffeln. Während wir warteten, berührten sich ab und zu unsere Knie unter dem Tisch. Mein Herz flatterte bei jedem leichten Stupser. Unsere Blicke begegneten sich, ich sah weg, unsere Blicke begegneten sich wieder, und wir redeten über den Film, den wir gerade gesehen hatten, über gemeinsame Freunde und Musik, die uns beiden gefiel.

Der Schokoladeneisbecher kam, eine gigantische, vor Schokolade triefende Kugel Vanilleeiscreme, verziert mit einem Berg Schlagsahne und einer leuchtenden Maraschinokirsche. Ich nahm ein köstliches erstes Löffelchen und beobachtete, wie meine Verabredung seinen Löffel ein bisschen voller lud. Ich genehmigte mir einen etwas größeren zweiten Löffel. Er folgte meinem Beispiel. Dann verengte die Welt sich auf den Eisbecher. Die Eiscreme fühlte sich kühl an auf meinen Lippen. Die Schokolade lag feucht und schwer auf meiner Zunge. Die Schlagsahne war glatt wie Seide. Minuten vergingen, bevor mir bewusst wurde, dass mein Gegenüber lachte. Die Welt wurde wieder weit und enthielt nun sein grinsendes Gesicht, den Tisch zwischen uns und den wie abgeleckt leeren Eisbecher.

Mein Gesicht muss glühend rot gewesen sein, als ich meinen Mut zusammennahm und ihn fragte, ob er überhaupt noch einen einzigen Happen bekommen hatte. Offenbar nicht. Er fragte mich nie mehr, ob ich mit ihm ausgehen wolle.

Nachdem ich diese Lektion gelernt hatte, achtete ich darauf, bei einem Rendezvous nicht die Schokolade in mich hineinzuschaufeln. Bei Freunden allerdings wurde ich offenbar nachlässig. Jahre nach dem Eisbecher-Debakel, als ich bereits verheiratet war und meinen kleinen Kindern das Teilen beibrachte, war ich mit einer Gruppe von drei befreundeten Frauen beim Essen. Wir hatten uns an Wildlachs satt gegessen und beschlossen, uns ein Stück Schokotrüffeltorte zu teilen.

Ich nahm meinen ersten Happen. Er war klein. Manchmal ist Schokoladenkuchen so trocken, dass man ihn nicht wirklich genießen kann, aber dieses Dessert war köstlich. Eine dünne Schicht Himbeermus trennte zwei dicke Lagen dunkle, saftige, üppige Torte. Vom Deckel tropfte bittersüße Ganache auf die Seiten. Das nächste, was ich registrierte, war, dass eine der Frauen mir mit dem Finger drohte. Offenbar hatten sie und die beiden anderen Frauen nur jeweils zwei Bissen bekommen – ich war so konzentriert auf die Torte und die Gabel war so schnell gewesen, dass ich sehr viel mehr als meinen Anteil gegessen hatte. Angesichts ihrer Schelte beugte ich beschämt das Haupt und bat um Entschuldigung.

Später an diesem Abend beichtete ich mein Verhalten meinem Mann. Er runzelte verwirrt die Stirn. »Aber das machst du doch immer, hast du das nicht gewusst?«, fragte er. »Deshalb teile ich nicht gerne einen Nachtisch mit dir.«

Ich plumpste in einen Sessel und starrte auf den Teppich unter dem Sofa. Ganz gleich, was ich mir vornahm, wenn es um Schokolade ging, wurde ich offenbar schamlos egoistisch.

Was sollte ich tun? Ich wollte mich nicht damit abfinden, nur noch alleine zu essen, andererseits würde ich mich auch nicht von klebrigem Zuckerzeugs verabschieden können, wenn ich mit Freundinnen unterwegs war. Allerdings schien ich Schokolade nicht teilen zu können. Nach gründlichem Nachdenken fiel mir etwas ein. Ich brauchte eine Freundin, für die Schokolade eine genauso große Herausforderung war. Zusammen könnten wir uns die üppigsten Desserts der Stadt genehmigen.

Nachdem Janet und ich beim ersten gemeinsamen Mittagessen eine Portion Mousse au Chocolat gemeinsam weggeputzt hatten, wussten wir, dass wir unseren Schokoladenzwilling gefunden hatten. Automatisch und mühelos taten wir es uns Bissen für Bissen gleich. Wir fanden zwei weitere Frauen, die perfekt in ein Auswärts-Essen-Quartett passten. Wir mochten dieselben Bücher, Theater und Kunst und fanden immer 100 Dinge, über die wir reden konnten. Allerdings machten sie sich unverständlicherweise nicht viel aus Schokolade.

Wir treffen uns jetzt regelmäßig. Wir schwatzen uns durch Vorspeise und Hauptgericht. Eine der Frauen hat für gewöhnlich die innere Stärke, das Dessert zu übergehen, weil sie schlank bleiben will. Die Vorliebe einer anderen geht in Richtung Kürbiskäsekuchen, Vanillemascarpone oder Fruchtsorbet. Janet und ich bestellen immer irgendetwas Schokoladiges, das wir uns teilen. Es kann eine seidenweiche Mousse au Chocolat sein, eine bittersüße Schokoladentorte, ein Schokoladentiramisu oder einfach ein Brownie mit zwei Schichten Fudge. Wie wir es essen, ändert sich nie. Wir fangen mit einer Gabel oder einem Löffel an entgegengesetzten Enden des Tellers oder Schüsselchens an, nehmen den ersten Happen und sehen nicht auf, bis unsere Essgeräte sich in der Mitte getroffen haben. Kann sein, dass wir zwischen den Bissen noch nicht einmal atmen. Wir wissen beide: Wenn eine von uns auch nur für einen Sekundenbruchteil innehält, wird die andere sich unweigerlich einen Schokoladenhappen mehr schnappen.

Bei manchen Dingen ist es eben schwer, sie zu teilen.

Samantha Ducloux Waltz

Eine Schokoladentradition

Wenn das Leben zähflüssig wird, tauch es in Schokolade.

Cyndy Salzman, Crime & Clutter

In einer unsicheren, chaotischen Welt gibt es eins, auf das wir uns verlassen können: Schokolade. Sie ist immer Milchschokolade, Bitterschokolade oder weiße Schokolade. Gute Schokolade zergeht auf der Zunge – und schon in der Hand. Wenn ich gute Schokolade esse, erinnert mich das an einige der schönsten Augenblicke meiner Kindheit. Ich hatte das Glück, in einer Familie groß zu werden, in deren Familientradition Schokolade im Mittelpunkt stand.

Jedes Jahr am Tag nach Thanksgiving, wenn die Männer der Familie zum Fußballschauen vor dem Fernseher zusammenkamen, fanden die Frauen sich im Haus meiner Großeltern ein und verwandelten es in eine Pralinenfabrik. Kein Bereich des Hauses war sicher vor Puderzuckerexplosionen oder Schokoladenspritzern. Die Küche wurde zur Zubereitungszentrale, in der Hände fleißig rührten und Menschen durcheinander wuselten. Hier wurden Fondants und Fudge angerührt, Karamell geschnitten und Nüsse gehackt, sortiert oder vermischt. Anschließend wurde alles auf Tabletts gelegt und zu den Tunkern gebracht. Die Tunker hatten sich im Esszimmer einquartiert. Auf einem Ende des Tisches lag eine Granitplatte mit einem Kocher. Hier wurde auf zwei Wärmequellen die Schokolade geschmolzen.

Als ich größer wurde, durfte ich mich um die Schokolade kümmern. Bis heute kann ich im Schlaf aufsagen, wie man Schokolade richtig schmilzt, rührt und konstant hält. Ich glaube, es war das Jahr, in dem ich 14 wurde, als mir zum ersten Mal erlaubt wurde, mich im Tunken zu versuchen. Ich war so aufgeregt, dass ich mir praktisch die oberste Hautschicht meiner Hände und Arme abschrubbte, als mir gesagt wurde, ich solle mir die Hände waschen. Offenbar habe ich meine Aufgabe gut gemacht, denn auch in den darauffolgenden Jahren wurde ich an den Tisch beordert, an dem die Pralinen in die Schokolade getunkt wurden. Nach dem Eintunken wanderten die Konfektstückchen in den Abkühlraum – für gewöhnlich das Elternschlafzimmer. In diesem Raum hielt ich mich während der Pralinenproduktion am liebsten auf. Sobald man ihn betrat, wurde man vom süßen Duft der abkühlenden Schokolade überfallen. In diesem Zimmer war man allein, umgeben von der riesigen Auswahl frisch abgekühlter Pralinen, und niemand kümmerte sich darum, ob ein paar abhanden kamen.

Wenn wir mit dem Eintunken fertig waren und unseren Arbeitsbereich saubergemacht hatten, aßen wir zum Mittagessen Truthahnsandwiches und Pastetenreste. Wir waren müde vom Rühren, Schneiden, Tunken, Tragen, Kennzeichnen, Schmelzen, Mischen und Saubermachen, aber zwei Dinge blieben noch zu tun: jedes einzelne Praliné in eine Pralinenkapsel aus Papier stecken und alle zusammen in Schachteln packen. Weil wir zum ersten Mal an diesem Tag alle sechs dasselbe machten, ging es ziemlich schnell.

Das ganze Jahr über hatten die Erwachsenen Schachteln und Dosen für dieses Ereignis gehortet. Jeder griff sich eine Schachtel, und unter gegenseitigem Anstoßen und Übereinanderstolpern arbeiteten wir uns durch das Zimmer, um für jede Schachtel eine leckere Auswahl zusammenzustellen. Im Allgemeinen waren wir so müde, dass wir beim Einpacken sehr schweigsam waren. Das Rascheln der Papierkapseln und das Öffnen und Schließen der Schachteln und Dosen war wie ein Lied, zu dem jede von uns in ihrem Rhythmus tanzte. Ich sammelte meine eigene Schachtel immer als Erstes zusammen. Das war die Bezahlung für meine Arbeit an diesem Tag. Am meisten liebte ich die Zitronen-, Orangen- und Minzkonfektstückchen. Meine Schachtel sollte nicht möglichst abwechslungsreich werden, sie sollte eine Belohnung sein. Und so füllte ich sie nur mit dem, was mein Herz begehrte.

Ich erinnere mich nicht, dass es jemals Streit darüber gab, dass jemand mehr bekommen hätte oder dass jemand sich betrogen fühlte. Es gab immer genug für alle. Nach dem Einpacken stapelten wir die Schachteln und Dosen in unsere Autos und fuhren nach Hause, freuten uns auf eine warme Dusche und waren ganz aufgeregt bei dem Gedanken, die Schachteln mit unseren selbst gemachten, von Hand eingetunkten Pralinen guten Freunden und Nachbarn zu geben. Ich bin die älteste Enkelin, und in dem Jahr, in dem ich aufs College ging, verpasste ich unsere Schokoladentradition. Das ist lange her, und seitdem sind wir nicht mehr in der alten Besetzung zum Pralinenmachen zusammengekommen. Jeden Herbst, wenn die Temperatur auf eine perfekte »Kühlraumtemperatur« abfällt, denke ich an die Tage, die ich mit Tunken verbrachte. Dann erinnere ich mich an den Geschmack einer Trüffelkugel, die ich auf dem Weg zum Esszimmer von einem Tablett stibitzte, an die Rufe nach mehr Schokolade zum Schmelzen, an meinen vom stundenlangen Eintunken schmerzenden Arm, an Schokolade, die irgendwie auf meine Stirn gekommen war, an eine Müdigkeit, bei der einem alles nur noch lustig vorkommt, an ein Gefühl von Verwandtschaft und Frieden, an den Spaß, den es brachte, nur mit den Frauen der Familie zusammen zu sein.

Mehr als ein Nahrungsmittel

Im Lauf der Jahrhunderte haben viele Kulturen die Samen des Kakaobaumes als heiliges Symbol bei religiösen Zeremonien und als Heilmittel eingesetzt.
Die Mayas und Azteken gebrauchten die Kakaobohnen als Zahlungsmittel und überreichten sie bei wichtigen Zeremonien als Geschenke.
Wenn im 17. Jahrhundert Mitglieder des spanischen Königshauses heirateten, war Kakao ein Bestandteil der Mitgift.
Ein Häftling des Pelican-Bay-Zuchthauses, der eine Strafe von dreimal lebenslänglich in Einzelhaft absitzen muss, löst die Farbe aus dem Überzug von M&Ms und verwendet sie als Tinte zum Bemalen von Postkarten, die für 500 Dollar pro Stück verkauft werden. Der Erlös geht in einen Fonds, der Häftlingskinder unterstützt.

Meine Familie weiß seit Jahren, wie gut Schokolade tut. Wenn ich eine leckere Praline esse – obwohl keine Praline je an die herangekommen ist, die meine Familie machte – atme ich das berauschende Aroma ein, und während die Schokolade meine Sinne überschwemmt, erlebe ich noch einmal das Glücksgefühl, das entsteht, wenn man von Familie umgeben ist – und von Schokolade.

Christina Dymock

Ein Geschenk aus Schokolade und Liebe

Ich werde immer alles essen, solange es aus Schokolade ist.

Verfasser unbekannt

Wenn ich mich an meinen Vater nach seinem Schlaganfall erinnere, sehe ich ihn meistens, wie er in einem Sessel sitzt und Süßigkeiten isst. Er konnte nicht mehr arbeiten, und meine Mutter musste unsere fünfköpfige Familie ernähren.

Trotzdem wurde ich als Kind nicht benachteiligt, außer wenn es um die Schokolinsen meines Vaters ging, jene leckeren groschengroßen Schokoladenstückchen mit den weißen Liebesperlen auf der einen, leicht gewölbten Seite. Sie waren die Lieblingssüßigkeit meines Vaters, sein einziger Luxus, und er hatte immer welche. Mir lief jedes Mal das Wasser im Mund zusammen, wenn ich neben ihm saß und sie sah. Ach, wie gern hätte ich die ganze Tüte genommen und sie alle in meinen Mund gesteckt!

Ich beobachtete, wie Papa diese Süßigkeiten aß, und bettelte mit den Augen. Ab und zu funktionierte es, und ich bekam eine Schokolinse. Dann war ich im Himmel. Ich versuchte, möglichst lange etwas davon zu haben, indem ich erst die Zuckerperlen einzeln aß und am Schluss langsam die Schokolade im Mund zergehen ließ.

Ich habe nie vergessen, wie gut diese Schokolinsen waren, und nahm mir vor, irgendwann eine ganze Tüte davon zu haben.

Mein Vater hatte einen weiteren Schlaganfall und starb, als ich zwölf war. Jahre später sah ich in einem Lebensmittelgeschäft eine Tüte Schokolinsen und kaufte sie. Als meine kleine Tochter und ich uns hinsetzten und sie aßen, erzählte ich ihr von meinem Vater. Die Erinnerungen waren bittersüß.

Ich verlor meine Mutter, als ich 21 war. Bevor sie starb, gab sie mir ihren ersten Diamantring, den mein Vater ihr geschenkt hatte. Ich gab ihn meiner älteren Schwester, damit sie die Diamanten neu fassen ließ. Sie sagte, sie würde ihn mir eines Tages wiedergeben, wenn ich sesshafter wäre, damit ich ihn an meine Tochter weitergeben könnte. Die Jahre vergingen, und ich dachte an den Ring. Er war wunderschön, voller Erinnerungen, und ich hätte ihn gern zurückgehabt. Aber ich wollte nicht gierig wirken oder ihn ihr wegnehmen, und deshalb fragte ich sie nie danach.

An meinem 33. Geburtstag sagte meine Schwester, sie hätte ein besonderes Geschenk für mich, und ich dachte, sie würde mir den Ring geben. Sie überreichte mir eine wunderschön eingepackte Schachtel, die so groß und schwer war, dass der Ring nicht darin sein konnte. Ich war ein bisschen traurig. Als ich die Schachtel aus dem Geschenkpapier wickelte, sah ich den Namen einer teuren Confiserie. Die im Mund schmelzenden süßen Sachen dieser Confiserie sind die besten, die ich je probiert habe. Ich aß sie nicht sehr oft, weil sie sehr teuer waren und ich sie mir nicht leisten konnte. Ich weinte, als ich die Schachtel aufmachte und das ganze Kilo »extra für mich gemachte« Schokolinsen sah.

Wow, was für ein Geschenk! Ich steckte mir eine (na gut, drei) in den Mund. Alle witzelten darüber, ich wäre wie Papa und würde nichts abgeben können, während jeder ein paar nahm. Als dann die Schachtel zu mir zurückkehrte, sah ich ein Glitzern. Unter all den Schokolinsen blitzte der Ring hervor.

Zum ersten Mal in meinem Leben war ich sprachlos, zum Teil, weil ich den Mund voll von dieser köstlichen Süßigkeit hatte, und zum Teil, weil die Gefühle mich überwältigten. Ich freute mich wahnsinnig über den Ring, aber mehr als alles andere wühlten die Schokolinsen meine Gefühle auf. Wer würde je auf den Gedanken kommen, dass Schokolade so viel bedeuten kann? Für mich waren die Schokolinsen wirklich ein Geschenk der Liebe.

Merrie Root

Schokolade – so viel Sie wollen

Schokolade war schlecht für uns, jetzt sagen sie, sie wäre gesund. Diese Nachricht hat mich nicht überrascht. Ich wusste schon immer, dass Hershey's in einer Infusionsflasche toll aussehen würde.

Martha Bolton

Jahrelang aß ich gesunde Lebensmittel einzig deshalb, weil ich gelesen hatte, dass sie gut für mich waren. Sobald es hieß, ein bestimmtes Lebensmittel würde dem Alter oder einem Herzinfarkt vorbeugen, landete es bei mir im Einkaufswagen.

Ich habe Brokkoli, Tofu, Weizenkeime und Haferkleie gegessen. Ich habe erst das eine Wundernahrungsmittel und dann das nächste versucht, nur um festzustellen, dass ich mit der Wissenschaft nicht Schritt halten konnte. Die Hälfte der Zeit hatte die Forschung Schwachstellen (die Mäuse taten nur so, als würden sie das Lebensmittel essen, und ließen sich dann eine Pizza kommen), oder sie wurde von genau den Leuten finanziert, die das Wunderlebensmittel produzierten. Wenn die

Forschung fehlerlos war, tat sich zwei Wochen später wieder etwas Besseres auf, zumindest solange, bis es durch etwas noch Neueres, Besseres aus dem Sattel gehoben wurde.

In meinem tiefsten Innersten hoffte ich, dass irgendwann die Schokolade als neuestes Gesundheitslebensmittel entdeckt werden würde. Nun, meine Gebete sind erhört worden. Schokolade, diese köstliche, süße, auf der Zunge zergehende Speise der Götter, ist tatsächlich gut für Sie.

Es dauerte eine Weile, bis ich mich durch das Gelehrtenkauderwelsch durchgeboxt hatte, aber Fazit ist, dass Schokolade die natürlichen chemischen Substanzen in unserem Körper dazu veranlasst, mehr subjektives Wohlbefinden zu produzieren – ein natürliches Hoch. Es ist das gleiche Hochgefühl, das Jogger nach einem langen Lauf bekommen. Die Schokolade kann das auch für Sie erledigen. Sie brauchen noch nicht einmal Ihr gemütliches Zuhause zu verlassen, Sie brauchen weder zu schwitzen noch Klamotten aus Elasthan zu tragen.

Forscher haben für diese Entdeckung viele Jahre und Millionen Dollar gebraucht. Wie die meisten Frauen hatte ich das intuitiv gewusst. So manches Schokoladenstückchen hat sein Leben für mich gelassen, wenn ich aus einer unglücklichen Beziehung herausgestrauchelt bin. Auch in schwierigen Phasen bei der Arbeit, in besonders langen Wintern und sogar bei abgebrochenen Fingernägeln hat Schokolade meine Seele aufgepäppelt.

Schokolade ist vielseitig. Sie hat mich auch begleitet, wenn ich neue Beziehungen und berufliche Beförderungen gefeiert oder einen neuen Lippenstift in einem genau zum neuen

Pullover passenden Ton gefunden habe. Mit anderen Worten: Schokolade ist wie eine beste Freundin und ein Liebhaber zusammen in einem einzigen leckeren Paket. Schokolade kann Sie zwar nicht umarmen oder den Müll wegbringen, aber sie ist clever genug, die Hirnchemie romantischer Liebe nachzuahmen, und sie ist so nah wie der Laden an der Ecke.

Anders als manche Männer verlässt eine Tafel Schokolade Sie nicht wegen einer jüngeren, schlankeren oder reicheren Frau. Und ich habe noch nie von einer Schokolade gehört, die Angst vor Nähe oder Probleme mit dem Eingehen einer Bindung gehabt hätte. Schokolade ist einfach für Sie da. Weg mit dem Brokkoli, hier kommt die Schokolade! Ah, ich höre schon, wie Sie sagen: »Eine Minute im Mund, eine Leben lang rund.« Wollen Sie wirklich Hüften, die so scharf sind, dass man Holz darauf sägen kann? Nein, Sie wollen runde, weibliche Hüften. Hüften, die sagen: »Ich bin eine Frau.« Zumindest meine Hüften sagen das, und es sind sehr glückliche Hüften, da können Sie sich sicher sein. Und außerdem: Während Ihre Hüften vielleicht ein bisschen rundlicher werden, wird Ihr Herz stärker. Schokolade enthält zwar gesättigte Fette, aber auch einen hohen Anteil an Antioxidantien, die das Risiko von Herzkrankheiten verringern. Sie ist nicht nur gut für ein im übertragenen Sinne gebrochenes Herz, sie könnte auch im wortwörtlichen medizinischen Sinne ein solches verhindern.

Ich sehe es geradezu vor mir. Millionen Menschen kehren Tofu, Kleie und Brokkoli den Rücken und steuern den nächsten Schokoladenladen an. In Apotheken und Reformhäusern stehen neben den Vitaminpillen Schokoriegel in den Regalen.

Mütter flehen ihre Kinder an, mehr Schokolade zu essen. Der Schokoladenosterhase wird zum nationalen Gesundheitssymbol, während die Ärzte ihre Patienten anweisen, zwei Stück Schokolade zu schlucken.

Ich weiß nicht, wie es Ihnen ergeht, aber ich lege jetzt die Füße hoch, hole mir ein Glas Rotwein für die eine Hand und ein Stück Schokolade für die andere und verwöhne mich nach Herzenslust. Und wenn die Wissenschaftler noch Versuchspersonen für klinische Tests benötigen sollten, melde ich mich hiermit freiwillig. Das ist das Wenigste, was ich für den Fortschritt der Medizin tun kann.

Harriet Cooper

Gibt es im Himmel Schokolade?

Sorgfältig zubereitete Schokolade ist als Lebensmittel so gesund wie angenehm, sie hat keine nachteiligen Auswirkungen auf die weibliche Schönheit, sondern ist im Gegenteil ein Heilmittel für sie.

Jean-Anthèlme Brillat-Savarin

In dem kathedralenartigen Universum, das als Amazonasurwald bekannt ist, schwebt von einem 30 Meter Eukalyptusbaum eine stahlblaue Papageienfeder langsam auf den dunklen Regenwaldboden, vorbei an Kolibris, Blattschneiderameisen und Eidechsen. Sie landet geräuschlos zwischen Ozelots und smaragdgrünen Riesenschlangen, die auf der Suche nach der nächsten Mahlzeit an Schmarotzerinsekten und fleischfressenden Pflanzen vorbeigleiten und -kriechen.

Zum Glück betrachten nur die Totenkopfäffchen die Schoten des riesigen Kakaobaumes als Leckerbissen und lassen Millionen gelbgrüner Bohnen für *Godiva*, *Dove* und *Lindt* übrig, die sie sammeln, rösten, mahlen und conchieren, bis für Schokoholiker auf der ganzen Welt Köstlichkeiten entstanden sind, die auf der Zunge zergehen. Kakao, als »Speise der Götter« (und »Frucht des Teufels«) bezeichnet, hat Liebende, Dichter, Filmemacher, Songschreiber, Romanautoren … und mich inspiriert.

Meine erste Erinnerung an das Zeug, das zerfloss, wenn es weich wurde, war das Osterfest vor meinem vierten Geburtstag, als Nonna ihre *Hershey's Kisses* und ihre *Circus-Peanuts* in ihrem gemütlichen Esszimmer versteckte. In null Komma nichts trug das bonbonrosa Baumwollkleid, das ich in der Kirche angehabt hatte, die streifigen Beweise meiner Funde und meiner neuen Sucht. Von diesem Tag an klirrten gefundene Pennys und erarbeitete Dollars auf dem Boden meiner roten Plastiksparbüchse – meiner klimpernden und klingenden Schokoladenkaufkraft.

Als viele Jahre später meine Töchter anfingen, hohle Hasen und massive Enten zu suchen, die hinter Büchern und Nippes hervorlugten, investierten wir Zeit und Energie in die Herstellung unserer eigenen Köstlichkeiten. Nachbarn schwärmten von den in Schokolade gehüllten Brezeln, den gefüllten Schokoladeneiern, von Pfefferminzplätzchen und Karamellen, die, in Silberfolie verpackt und von meinen zöpfetragenden, kichernden Mädchen überbracht, die Jahreszeiten markierten. Bald waren Einladungen zu Geburtstagsfeiern fast immer von »Anfragen an Mama« begleitet: »Könntet ihr bitte ein paar von euren selbst gemachten, herzförmigen Schokoladenlutschern mitbringen?«

Mein Mann begründete eine Familientradition, als er unseren Töchtern am Valentinstag ihre große rote, herzförmige Schachtel mit zart schmelzenden Pralinen gab, die genauso war wie die, die er mir schenkte. Jahr für Jahr saßen die beiden mit großen Augen da, wenn er ihnen erzählte, japanische Schönheiten würden den Männern, die ihr Herz erobert hatten, weiße Pralinen schenken, und in manchen Kulturen würde die Kakaobohne – und nicht der Apfel – als erstes Obst überhaupt gelten.

Schokoladenweihnachtsmänner und Schokoladenrentiere, gekleidet in rotes und grünes Stanniol, füllten die Weihnachtsstrümpfe der Mädchen. Becher mit schäumender Schokolade, gekrönt von leuchtenden weißen Marshmallows, wärmten die vom beißenden Winterwind eiskalt gewordenen Finger. Mit Schokoladenmilch wurden unzählige Schinkensandwiches hinuntergespült, und nichts sagte nach einen harten Tag mit Rechnen und Sozialkunde besser »Willkommen zu Hause« als ein Blech mit Schokoladenbrownies frisch aus dem Ofen. Und »Schokolade« vor den Worten Kuchen, Torte, Pudding oder Plätzchen zauberte ein Lächeln auch auf das finsterste Gesicht.

Unsere Töchter sind jetzt erwachsen, aber ihr Vater kauft immer noch herzerwärmende Karten zu den Pralinen, die er an jedem 14. Februar seinen »besten Mädchen« schenkt. Die Leckerei begleitet ihre Geburtstage, und wie ihre Mama haben sie gelernt, dass Schenkende sich nicht irren können … wenn das farbenfroh verpackte Päckchen eine Schachtel Konfekt enthält.

Egal, ob Experten sie gerade beurteilen, wie nur wenige

Dinge auf dieser Welt hat Schokolade die Fähigkeit, auch die bitterste Stimmung zu versüßen. Nicht einmal die besänftigendste Sinfonie kann die Seele so berühren wie ein Schokoriegel, und nur Schokolade kann Pessimisten in Optimisten verwandeln, die der Meinung sind, die Kalorien würden nicht zählen, wenn niemand sieht, wie sie Pralinen und Schokodrops in sich hineinfuttern.

Ich kann mir keinen besseren Anreiz im Leben vorstellen – die goldene Regel, Krieg, Sünde, das Böse würden jetzt und für alle Zeit aufhören, wenn wir schwachen Menschen nur einen Beweis dafür hätten … dass es im Himmel Schokolade gibt.

Loree Lough

Tante Mjam

Das Leben ist eine unsichere Angelegenheit –
essen Sie das Dessert zuerst!

Verfasser unbekannt

Wer würde wegen eines Stücks gekauften Kuchens, das auf einem billigen Pappteller serviert wird, eine zweieinhalbstündige Flugreise unternehmen, drei Stunden durch den Verkehr von Seattle düsen und dann 45 Minuten mit der Fähre fahren? Ich. Tante Syd. Ich wollte es nicht verpassen, wenn mein Neffe zum ersten Mal Schokolade aß.

Es war eine typische Der-Erstgeborene-wird-ein-Jahr-alt-Geburtstagsfeier: Die Erwachsenen schlürften Wein, knabberten kleine Häppchen, verlangten »nur ein ganz kleines Stückchen« Kuchen und diskutierten bei Rockmusik vom iPod meines Bruders über Musik, Politik, das Wetter, Bücher und ihre Arbeit. Niemand achtete besonders auf die Kinder, noch nicht einmal auf den Geburtstagsjungen.

Außer mir. Ich hatte lange warten müssen, bis mein Bruder mich zur Tante machte: Sein Dienst beim Peace Corps, der

Kauf eines neuen Hauses und jahrelange Karrierepflege hatten in seiner Prioritätenliste Vorrang gehabt. Meine Schwägerin hat drei Schwestern, und so habe ich nach Kräften versucht, mich hervorzutun: mit Tante Syds Buch- und gelegentlichem Spielzeug-Club, Anrufen, einer Handvoll Besuche, und jetzt war ich zum ersten Geburtstag da. Das erste Stück Kuchen. Das erste Mal Schokolade schmecken.

Ich saß direkt gegenüber von Quinns Hochstuhl, hatte die Kamera gezückt und wartete darauf, dass er sich an seinen Kuchen machte. Quinn starrte auf seinen Teller und steckte erst einmal versuchsweise einen Finger in die dunkle Glasur.

Zuerst hatte es mich schockiert, dass der Kuchen nicht selbst gemacht war, aber ich musste Holly B. loben. Ihre Bäckerei stellt einen dekadent saftigen Schokoladenkuchen her. Besser als die meisten Geburtstagskuchen, vor allem die aus einer Backmischung. Ich schoss ein schnelles »Vorher«-Foto und wartete.

Quinn steckte den glasurüberzogenen Finger in den Mund. Verwirrt runzelte er die Stirn. O nein, sorgte ich mich. Er mag ihn nicht. Dann schossen seine Augenbrauen in die Höhe. Und seine Hand tauchte in den Kuchen ein.

»Mjam, mjam«, sagte ich und machte noch ein Foto. Quinn steckte sich zwei karamellklebrige Finger in den Mund, während seine andere Hand einen Batzen Schokoladenkuchen abzwackte. Der nächste Bissen hinterließ einen dünnen braunen Oberlippenbart in seinem Gesicht und verwandelte ihn in einen flaumhaarigen Clark Gable.

Nachdem ich verschiedene Erster-Geburtstag-Feiern besucht habe, bin ich zu der Überzeugung gekommen, dass es sehr viel über einen Menschen aussagt, wie er an sein erstes Stück Schokoladenkuchen herangeht. Meine Tochter Emma aß ihren Miniaturgeburtstagskuchen, indem sie behutsam mit einem Finger durch die Glasur fuhr und ihn elegant in den Mund steckte. Sie brauchte noch nicht einmal eine Serviette. Ihre Freundin Anna dagegen stand neben Emmas Hochstuhl, grabschte sich den Kuchen mit beiden Händen und versenkte ihn in ihrem Mund. Elf Jahre später geht Emma immer noch mit zögerlicher Anmut an das Leben heran, während Anna unbekümmert in alles hineinprescht.

Quinn verschlang mehrere Batzen Kuchen mit beiden Händen, wobei er ab und zu innehielt, um an einer besonders leckeren Faust zu lutschen.

»Mjam, mjam«, wiederholte ich, als Quinns schokoladiger Oberlippenbart sich in einen Kinnbart und dann in einen Vollbart verwandelte. Kuchenkrümel steckten im Ausschnitt seines Shirts, und Spritzer der Glasur tüpfelten seinen drallen kleinen Bauch. Ein wohlmeinender weiblicher Gast näherte sich Quinns Kinn mit einem Stück Küchenkrepp. Ich stoppte ihre Hand, vielleicht eine Spur zu aggressiv.

»Nein, lassen Sie ihn schmuddelig«, raunzte ich die Frau an und machte ein weiteres Foto. Ich unterließ es, die Frau daran zu erinnern, dass ich zwar 900 Meilen und eine Fahrt mit der Fähre weit weg wohnte, aber trotzdem Quinns Tante war. Und sie hatte kein Recht, sich zwischen mich und Quinns erstes Stück schokoladenüberzogenes Nirwana zu stellen. Als diese Frau auf der Feier angekommen war, hatte sie Quinn mit einer

Vertrautheit in die Arme genommen, die ich mit meinem Neffen nicht hatte. Ich war tatsächlich eifersüchtig gewesen – wie eine Frau, deren Mann offen mit einer anderen flirtet. Du gehörst mir, dachte ich. Meiner Familie. Nicht ihrer.

Ein anderer Gast kommentierte, Quinn würde fortan Schokolade mit Blitzlicht assoziieren.

»Es gibt immer nur ein erstes Stück Schokoladenkuchen«, erwiderte ich, während ich Quinns dick mit Schokoladenglasur beschmiertes Gesicht für eine Nahaufnahme heranzoomte.

»Mjam«, sagte ich zu Quinn, als er mit der Kante seiner geschlossenen Faust die letzten klebrigen Glasurklümpchen von seinem Teller kratzte.

Quinn nahm die Faust gerade so lange aus dem Mund, dass er »Jam« antworten konnte.

»Mjam«, wiederholte ich.

Quinn lächelte. »Jam«, antwortete er.

Er sah nach unten auf seinen leeren Pappteller, hob ihn mit einer Hand hoch, lutschte die Mitte ab und bemalte dabei seine Nasenspitze mit Glasur. Bald war die Rückseite des Papptellers mit genauso viel Schokolade bekleckert wie die Vorderseite. Quinn packte den Teller mit beiden Händen und lutschte den geriffelten Rand ab. Seine fröhliche Gründlichkeit beeindruckte mich. Würde dieser Charakterzug bleiben? Ein paar Minuten später brachte er es fertig, seinen Teller zu einer Röhre zu drehen, die er mit beiden Händen hielt und in seinen Mund stopfte. Er nahm sie nur heraus, um meine »Mjams« mit seinen »Jams« zu beantworten.

Während meines restlichen Besuchs fixierte Quinn mich oft mit seinen großen blauen Augen und sagte »Jam.«

»Mjam«, erwiderte ich dann jedes Mal, woraufhin er vor Vergnügen grinste und hin und her schaukelte.

Ich bekomme Quinn nur alle paar Monate für ein paar Tage zu Gesicht und werde wahrscheinlich nie Teil seines Tagesablaufs werden, aber ich hoffe, dass wir beide ein bleibendes Schokoladenband geknüpft haben. Vielleicht muss ich Tante Syds Buch- und gelegentlichen Spielzeug- *und* Schokoladen-Club gründen.

Tante Mjam, dachte ich, als ich auf der Fähre davonschipperte. Von mir aus, dachte ich, kann das noch ganz lange so bleiben.

Sydney Salter Husseman

Das Schokoladenhaus

Eigentlich ist alles, was Sie brauchen, Liebe.
Aber ein bisschen Schokolade dann und wann schadet auch nicht.

Verfasser unbekannt

Mütter teilen meistens gern. Aber auf die Gefahr hin, wie eine schlechte Mutter zu klingen, bekenne ich, dass ich meine Schokolade nicht gerne teile. Ich gebe außerdem zu, dass ich Schokolade horte. Wenn genug da war, um jedem meiner Kinder ein Stück zu geben, klappte es mit dem Teilen, aber wenn ich einen Schokoriegel nur für mich kaufen konnte, tat ich es. Nur erzählte ich es niemandem. Es war mein kleines Geheimnis. An manchen Tagen brauchen wir Mütter eine Kleinigkeit nur für uns, damit wir psychisch überleben. Und die Schokolade garantierte meine geistig-seelische Gesundheit.

Als unsere Töchter April und Lissie die Grundschule besuchten und unser kleiner Sohn Nathan ein ausgelassener Zweijähriger war, begann die Schule, Spenden durch den Verkauf von Schokoriegeln zu sammeln. Immer neue Schachteln mit Schokoriegeln wurden den Mädchen nach Hause mitgegeben.

Wochenlang verkauften wir Schokoriegel. Der Schokoladengeruch erfüllte das ganze Haus. Ich war in einer Hochstimmung, die jeden Tag weiter anstieg. Aber mit der Verantwortung, Schokoriegel zu verkaufen, kam die Verantwortung, das Kapital nicht aufzufuttern, und, noch wichtiger, dafür zu sorgen, dass die Kinder die schlechte Gewohnheit ihrer Mutter nicht übernahmen.

Was haben Sie im Garten?

Hershey's verkauft Mulchmaterial aus Kakaobohnenschalen in Säcken. Die saubere Schale, die von der gerösteten Kakaobohne entfernt wird, ist ein Nebenprodukt der Schokoladenherstellung. Zu süß, um wahr zu sein? Gärtner berichten, dass dieser Mulch zwar teurer ist als Rindenmulch, man aber weniger davon braucht. Er wehrt außerdem Insekten ab, ist unkrautfrei und biologisch. Als weiteren Vorteil hat er eine dunkelbraune Schokoladenfarbe – und ja, er riecht tatsächlich nach Schokolade! Zumindest in den ersten Tagen.

Zuerst aßen wir nur wöchentlich gemeinsam ein bisschen Schokolade, bald taten wir es täglich. Ich wusste, so konnte es nicht weitergehen. Meine Verantwortung als Mutter stand an erster Stelle – wir mussten die nicht verkauften Schokoriegel an die Schule zurückgeben. Unsere Töchter stimmten mit schreckgeweiteten Augen zu, aber ihre Herzen waren nicht begeistert. Mein Mann sagte, es wäre das Beste für alle Beteiligten. Der Einzige, der unsere Trauer nicht verstand, war unser Sohn. Nathan mochte keine Schokolade.

Der nächste Tag war kalt und regnerisch. Statt die Mädchen ihre Schokoriegelschachteln bei diesem schlechten Wetter zur Bushaltestelle schleppen zu lassen, beschloss ich, die

Schokolade selbst abzuliefern, sobald ihr kleiner Bruder wach geworden war. April und Lissie gefiel meine Idee, und sie rasten zur Bushaltestelle. Ich sah nach Nathan. Er schlief noch, also nutzte ich die Zeit und machte mich auf zum Waschraum. Fast augenblicklich hörte ich, wie im Wohnzimmer die große Kiste mit den Legosteinen auf den Boden knallte. »Morgen, Nathan«, rief ich.

»Mo-gen«, schwebte seine Singsangstimme zu mir zurück. Ich lächelte und spähte um die Ecke. Er saß mit dem Rücken zu mir auf dem Boden, die blonden Locken in wilder Unordnung auf seinem vom nächtlichen Liegen verstrubbelten Schopf.

»Bereit zum Frühstück?«, fragte ich.

»Nö«, sagte er und fing an, die Steine zu sortieren. »Haus bauen. Haus bauen«, sang er.

»Also gut. Du baust ein Haus. Mama macht die Wäsche fertig. Okay?«

»Otay«, antwortete er.

»Otay«, wiederholte ich und lächelte, während ich zur Wäsche zurückkehrte. Alle paar Minuten rief ich Nathan ein paar Worte zu, und er antwortete fröhlich. Ich wunderte mich, dass seine Aufmerksamkeitsspanne so lange anhielt, freute mich aber, dass er so zufrieden spielte, und legte zwei Ladungen kleiner Hemdchen zusammen, bevor ich den mit Handtüchern und Bettlaken gefüllten Wäschekorb in Angriff nahm. Als ich fertig war, kroch ich auf Händen und Füßen durch den Flur und versteckte mich hinter der Couch, um Nathan zu überraschen. Er war so aufgeregt und in sein Spiel vertieft, dass er mich erst bemerkte, als ich vorsprang.

Er kreischte vor Vergnügen und zeigte dann auf sein Meisterwerk. »Haus!«, rief er aufgeregt. Mir klappte die Kinnlade herunter. Nie zuvor hatte mein kleiner Junge ein schöneres Haus gebaut. Auf zwei Seiten waren leuchtend gelbe, rote und blaue Legosteine hoch aufgestapelt. Die restlichen Bausteine bestanden aus purer Schokolade. Nathan strahlte von einem Ohr zum anderen, als meine Augen der Spur von Schokoriegelhüllen quer über den Wohnzimmerboden folgten.

Nachdem ich Nathan für sein köstliches Meisterwerk gelobt hatte, half er mir, die Schokoladenstücke aufzusammeln und in einen großen Ziploc-Beutel zu legen, den wir im Gefrierschrank deponierten. Insgeheim waren wir alle zufrieden. Nathans Schokoladenhaus versorgte uns mit genug Schokolade, um bis zum Ende des Schuljahres einmal wöchentlich etwas zum Naschen zu haben. Mein Mann meint, ich hätte unbewusst gewollt, dass die Schokolade im Haus bleibt, und meine Gedanken hätten unseren Sohn dazu gedrängt, an diesem Morgen zum Schokoladenarchitekten zu werden. Ich weiß nicht, ob das stimmt, und es ist mir auch egal. Ich bin nur dankbar, dass die Dinge so gekommen sind.

Helen Kay Polaski

Küsse für Papa

Ein Leben ohne Schokolade ist ein Leben,
in dem etwas Wichtiges fehlt.

Marcia Colman Morton und Frederic Morton

Mein Papa hätte der perfekte Weihnachtsmann sein können, denn er war pausbäckig, hatte weiße Locken und ein fröhliches Herz. Doch obwohl er den Anforderungen entsprach, ist es sehr gut, dass er diese Rolle nicht spielte, denn er hätte das ganze Zuckerzeugs selbst gegessen.

Papa war nämlich, genau wie ich, ein ziemliches Schleckermaul. Und wenn Sie bei uns zu Hause gewohnt hätten, hätten Sie nicht anders gekonnt, als Süßigkeiten zu lieben, denn jeden Morgen servierte Mama eins ihrer fabelhaften Desserts, zum Beispiel Brownies mit Toffeestückchen und reichlich selbst gemachter Schokoglasur. Hmmm. Ich kann fast noch schmecken, wie gut sie waren.

Schokolade war bei uns zu Hause so etwas wie eine fünfte Nahrungsmittelkategorie. Und bis heute ist sie eine meiner liebsten Freundinnen. Mama packte immer eine riesige

Tüte Naschkram ein, wenn wir in den Urlaub fuhren. Und auf der Fahrt wusste ich immer, wann es Papa hinter dem Steuer langweilig wurde oder wann er müde wurde, denn dann hörte man, wie die Verpackung der *Tootsie Rolls* knisterte, wenn er sich über unseren Süßigkeitenvorrat hermachte.

Papa ist mein Held und wird es immer bleiben. Und der schwierigste Tag in meinem Leben war zweifellos der, als Mama und ich ihn in einem Pflegeheim unterbringen mussten. Die Alzheimerkrankheit hatte langsam den Mann gestohlen, den wir kannten, und in Anbetracht seiner speziellen Bedürfnisse konnte Mama zu Hause nicht mehr für ihn sorgen.

Papa lebte mehrere Jahre im Pflegeheim, und jeden Tag besuchte Mama ihn zur Mittagszeit, um ihn zu füttern. Weil sie wusste, wie gern er Schokolade aß, gab sie ihm am Ende jeder Mahlzeit *Hershey's Kisses*. Jedes Mal, wenn zur Abwechslung ich zu Papa fuhr, konnte ich sicher sein, dass Mama mich vorher anrief und fragte: »Liebling, könntest du unterwegs kurz bei mir anhalten und Papas Süßigkeiten mitnehmen?«

»Klar, Mama«, antwortete ich unwillig, weil ich es für unsinnig hielt einen Stopp einzulegen, nur um ein paar Stückchen Konfekt abzuholen. Was würde es schon ausmachen? Papa wusste noch nicht einmal, wer wir waren. Aber ich leistete Mamas Wunsch Folge und holte die *Kisses* ab, verstaute sie in meiner Tasche und hetzte weiter zu Papa.

Als ich an diesem Tag das pürierte Essen mit dem Löffel in seinen Mund schob, kam aus dem Radio im Essraum das Lied »Butterfly Kisses«. Und während ich da saß und auf diese wunderschönen Worte lauschte, die ein liebender Vater für den

Hochzeitstag seiner Tochter geschrieben hatte, konnte ich den Blick in die leeren Augen meines Vaters kaum ertragen.

Papa, ich wünschte, du könntest dich an mich erinnern, dachte ich, während ich die Tränen wegwischte. *Was würde ich nicht für einen lichten Moment von dir geben, in dem wir beide uns einfach nur über das Leben unterhalten könnten.*

Aber er starrte mich weiter an, als würde er fragen: »Wer bist du denn?«

Deprimiert dachte ich: *Gut, ich wasche ihm noch das Gesicht ab und rolle ihn dann ihn sein Zimmer zurück, damit er sein Mittagsschläfchen machen kann, und dann bin ich auch schon wieder weg.*

Aber gerade, als ich anfing, Papa das Gesicht abzuwischen, warf er mir einen forschenden Blick zu, und ich hörte ihn leise flüstern: »Bonbon?«

»O Papa!« rief ich, schlang die Arme um ihn und hielt ihn ganz fest. »Fast hätte ich deine *Kisses* vergessen!«

Schnell nahm ich die Tüte mit den *Hershey's Kisses* aus meiner Tasche, und während ich ihm den ersten zwischen die Lippen schob, wurde mir klar, dass meine Trauer durch die Befriedigung ersetzt worden war, Papa dadurch mit Liebe überhäufen zu können, dass ich ihm etwas gab, das er immer noch genoss. Schokolade.

Papa ist jetzt im Himmel, aber eines weiß ich genau. Schokolade kann zwar momentan glücklich machen, aber an ein freundliches Herz erinnert man sich ein Leben lang.

Peggy Morris

Sündige Genüsse für zwei

Eins der Geheimnisse des Lebens besteht darin, wieso eine Frau durch eine 500-Gramm-Schachtel Pralinen drei Kilo zunehmen kann.

Verfasser unbekannt

Nach zwei Monaten Diät war dies der Abend des großen Gelages. Mein Mann Sam und ich unterstützten uns gegenseitig auf unserem Weg zu mehr Gesundheit und Fitness. Wir versuchten, uns an unsere Diätvorschriften zu halten, wir trieben Sport, und beide maßen wir regelmäßig nach, wie viel wir an Gewicht und Zentimetern verloren hatten.

All das änderte sich, als ich Diätschokoriegel entdeckte.

Ich war an diesem Tag schon einmal im Lebensmittelladen gewesen und hatte wie üblich nach neuen Genüssen gesucht. Regelmäßig durchforstete ich die Regale des Ladens nach neuen Produkten, die gut für all jene waren, die eine Diät machten.

Bei einem dieser Ausflüge entdeckte ich trinkfertige Diätmilchshakes. Diese Getränke waren wie ein Zeichen des Himmels, dass das Diäthalten letztendlich doch nicht so schlimm werden würde. Ich nahm Schokokaramell für mich und Erdbeer für Sam. Diese Milchshakes wurden zu einem sehr füllenden und befriedigenden Hauptnahrungsmittel.

An diesem speziellen Tag stellte ich fest, dass sie im Viererpack im Angebot waren. Ich lud den Einkaufswagen voll.

Dann fiel mein Blick auf die Diätriegel direkt neben den Diätmilchshakes. Ich hatte sie schon vorher gesehen, aber ignoriert. Ich versuchte durch diese Diät schließlich auch, meine Einstellung zur Ernährung und zum Essen zu verändern. Wenn ich jetzt etwas kaufte, das wie Schokoriegel aussah, würde ich eine schlechte Gewohnheit nur durch eine andere ersetzen, dachte ich.

Trotzdem konnte ich nicht anders, als diese lecker aussehenden Schokoladengenüsse zu registrieren. Sie waren doch nichts Schlechtes?

Und dann entdeckte ich ein entscheidendes Argument. Die Diätriegel waren im Angebot. Normalerweise kosteten sie um die zwei Dollar pro Stück. An diesem Tag gab es sie jedoch zum halben Preis. Irgendjemand da oben kümmerte sich um mich und gab mir das Okay zu diesem Produkt. Es war ein Zeichen.

Also kaufte ich ein paar.

Na ja, ein paar ist eine Untertreibung, aber es gab einfach zu viele Geschmacksnoten, unter denen ich die Qual der Wahl hatte: Schoko-Cookies mit Sahne. Brownies mit Schokosplittern. Schokofondant. Schoko-Mandel-Brownie. Mokkaschoko. Schokotoffee. Ich war im Diätschokoladenhimmel.

Während ich meinen Einkaufswagen vollud, bemerkte ich

eine weitere Alternative: Schokokaramell. Schokokaramell war Sams Allzeitfavorit. Sam redete im Schlaf, er sagte: »Schokokaramell. Schokokaramell. Schokokaramell.« Er beschrieb Möbel mit Sätzen wie: »Der Sessel hatte einen interessanten Schokokaramellton.«

Das brachte mich in die Wirklichkeit zurück.

Ich lud fast alles wieder aus, was ich in meinen Wagen gepackt hatte, und ließ von jeder Sorte nur zwei Riegel in meinem Korb. Meine Gedanken waren einfach. Wenn Sam und ich uns einen Riegel nach dem Abendessen teilen würden, wäre der Schaden halbiert.

Als Sam von der Arbeit nach Hause kam, hatte ich alle Riegel auf der Küchenanrichte ausgebreitet. Seine erste Reaktion war: »Ich dachte, die hätten wir ausgeschlossen?« Dann sah er den Schokokaramell-Riegel. »Schokokaramell?«, sagte er wie hypnotisiert. »Du weiß, ich liebe Schokokaramell. Diese Riegel sind sicher gesund. «

Damit war alles gesagt. Sam hatte die Riegel für gut befunden.

Nach dem Abendessen machten wir unseren Kaffee. Dann holte Sam sein Zentimetermaß heraus und teilte die Schokokaramellriegel in zwei Hälften. Er fragte mich gar nicht, was ich am liebsten gegessen hätte. Dann schnitt er vorsichtig und mit seinem schärfsten Messer den ersten Riegel durch. Jede Hälfte landete auf einem der Dessertteller, die wir auflegten, wenn wir Gäste hatten. Jeder Teller bekam eine Gabel und ein Messer. »Bei kleinen Bissen dauert es länger«, sagte Sam. Jede Hälfte war ungefähr vier Zentimeter lang.

Während wir uns vor dem Fernseher entspannten, genossen wir unsere erste Süßigkeit seit Monaten. Es schmeckte nicht schlecht, aber nicht so gut wie mein selbst gemachter Schokoladenkuchen, mit dem wir beide uns über die Jahre hinweg vollgestopft hatten. Während wir unseren Kaffee schlürften, führten wir winzige Bissen zum Mund. Wir verglichen unsere Kommentare und Meinungen zu dieser Neuentdeckung. Wenn Sie Sam fragen, wird er Ihnen sagen, dass ich die gleichen Laute von mir gab wie dann, wenn er meinen Rücken massiert. Es war nicht mein selbst gemachter Schokoladenkuchen, aber es *war* Schokolade!

»Noch einen?«, fragte mein Mann, als er fertig war.

»Nö«, sagte ich. »Das wäre geschummelt. Damit würden wir wieder in unseren alten Schlendrian zurückfallen.«

»Aber dein Stück war größer«, maulte Sam.

Ich schob ihm mein letztes winziges, mit dem Messer abgesäbeltes Stückchen zu. »Hier«, sagte ich, »jetzt müssten wir Gleichstand haben.«

Sam sah mich an, während ich nickte. Dann schluckte er den letzten Krümel und klopfte sich auf seinen neuerdings flachen Bauch.

Felice Prager

»Ich nehme schon zu, wenn mein Sonnenöl Kakaobutter enthält!«
Abdruck mit Genehmigung von Stephanie Piro © Stephanie Piro

Die geheime Zutat

Eine ordentliche Schachtel Pralinen bietet Ihnen
Ihre tägliche Ration Kalorien in einer einzigen Packung.

Verfasser unbekannt

Mama war weit und breit für ihr köstliches Fudge bekannt. Sie machte es jedes Jahr zu Weihnachten und teilte es nur mit der Familie und guten Freunden – sehr guten Freunden. »Es ist zu gut, um es aller Welt zu geben«, meinte sie augenzwinkernd.

Das Fudge war gehaltvoll und schokoladig, glatt und cremig und voller Pekannüsse – das beste Fudge der Welt, so die einhellige Meinung. Es enthielt irgendeine Zutat, die wir nicht identifizieren konnten. Aber wenn wir Mama fragten, lachte sie nur und sagte, diese Zutat sei die Liebe.

Natürlich stellten wir uns vor, die unbekannte Zutat müsse irgendetwas Exotisches sein. Mamas Geheimnis zu entdecken, war wie der Versuch, den Weihnachtsmann dabei zu überraschen, wie er den Kamin herunterrutschte. Ich erinnere mich, dass ich beim Anrühren einer Partie Fudge zusah und versuchte, sie dabei zu erwischen, wie sie dieses mysteriöse Element dazugab, aber sie war viel zu clever für mich. »Warum hackst du nicht die Pekannüsse?«, schlug sie vor, gab mir ein Messer und ein Brett und dirigierte mich zum Küchentisch. Bis ich mit meiner Arbeit fertig war, hatte sie das, was ihr Fudge so besonders machte, schon längst dazugegeben.

»Wo hast du das Rezept her, Mama?«, fragte ich und gab ihr die Schüssel mit den gehackten Nüssen.

»Deine Oma hat es mir gegeben, als ich deinen Vater geheiratet hab. Vielleicht gebe ich es an dich weiter, wenn du heiratest.«

Ich wurde erwachsen und heiratete, aber Mama wollte das Rezept nicht herausrücken. Zu einem Weihnachtsfest bat ich sie darum, aber sie lächelte und tätschelte mir die Schulter. »Ich gebe es dir, wenn der richtige Zeitpunkt da ist. Jetzt bin ich noch nicht soweit, es weiterzugeben. Schließlich muss eine Frau ein paar kleine Geheimnisse haben, damit das Leben interessant wird!«

Jahrelang fragte ich Mama nach dem Rezept, und jedes Mal zwinkerte sie und sagte, es wäre für sie noch nicht an der Zeit, ihr kulinarisches Geheimnis preiszugeben. Es wurde zu einem Spiel, über das wir alle lachten, aber Mama wollte dieses Rezept nicht hergeben! Also lernte ich, eine Art Ersatzfudge herzustellen – es wurde nicht gekocht, sondern nur verrührt und gekühlt – und versuchte sogar, richtiges Fudge zu machen. Aber es schmeckte nie so wie das von Mama.

Als Mama eines Sommers plötzlich starb, war ich unendlich traurig. Ich ertappte mich oft dabei, wie ich zum Telefon griff, um sie anzurufen, bevor mir klar wurde, dass sie nicht mehr da war. Dann kam Weihnachten, und ich dachte, mir würde das Herz brechen. In diesem Jahr machte ich Erdnuss-Karamellbruch. Er war köstlich, aber es war nicht Mamas spezielles Fudge.

Im Frühling spürte ich, wie der scharfe Schmerz nachließ, und ich beschloss, endlich Mamas Habe zu ordnen. Als ihr Haus verkauft wurde, hatte ich alles nur hastig eingepackt. Die erste Kiste, die ich aufmachte, war voller Bücher, und ich verlor mich in den glücklichen Kindheitserinnerungen an die Geschichten, die sie mir vorgelesen hatte: *Ruf der Wildnis, Betty und ihre Schwestern, Aesops Fabeln*. Dann entdeckte ich ein Buch, das ich nicht kannte. Es war ein altes Kochbuch aus einer Kirchengemeinde, die Mama besucht hatte, bevor sie und Papa geheiratet hatten.

Ich schlug es bei einem Rezept für gefülltes Maisbrot auf. Mit dem Bleistift hatte Mama Notizen an den Rand gekritzelt: »1 EL Salbei und ein weiteres Ei zugeben.« Ich berührte ihre akkurate Handschrift und fühlte mich ihr irgendwie nah.

»Ich vermisse dich, Mama«, sagte ich laut, und dann lachte ich über meine eigene Sentimentalität.

Beim Durchblättern des Kochbuchs fand ich weitere Rezepte mit ihren Anmerkungen. Neben einem Hühnchen alla Panna hatte sie notiert: »5/89 im Gartenklub serviert – alle waren begeistert.« Melindas Mandarinen-Orangen-Salat hatte einen fetten Stern. »Jims Lieblingsdessert!«, lautete ihre Notiz. Sie hatte es immer an Papas Geburtstag serviert. Neben Schweinelendchen mit Cranberries hatte sie »Ruthies Verlobungsparty« geschrieben. Ich erinnerte mich an diesen besonderen Abend und lächelte bei der Erinnerung.

Dann fiel ein loses Blatt Papier aus dem Buch. Ich faltete es auf, und mir stockte der Atem. Es war, in Mamas Handschrift und auf das Jahr 1951 datiert, ein Rezept für »Mutters mit Liebe zubereitetes Fudge«. Plötzlich wusste ich: Das war es – Mamas berühmtes Fudgerezept, das meine Großmutter ihr vor langer Zeit gegeben hatte. Mir stiegen die Tränen in die Augen, und das Gefühl der Verbundenheit mit meiner Mutter und mit meiner Großmutter ließ mich wieder lachen. Ich sah die Zutaten durch und schüttelte verwundert den Kopf. Ich kannte alle Zutaten, und Mama hatte recht gehabt. Das Geheimnis war in der Liebe gewesen.

Ruth Jones

Ein weißes Kleid und Schokoriegel

Schokolade ist billiger als eine Therapie,
und Sie brauchen keinen Termin.

Verfasser unbekannt

Was ich für Schokolade empfinde, ist eine tiefe Hassliebe. Wahrscheinlich denken Sie: »Ja, ja, wie die meisten Frauen«, aber ich versichere Ihnen, dass meine Hassliebesbeziehung anders ist. Sie hat nichts mit dem Gewicht oder der Gesundheit oder einer Flucht aus der Wirklichkeit zu tun.

Begonnen hat das alles vor rund 40 Jahren. Ich ging mit Freundinnen ins Kino, um *Bye Bye Birdie* zu sehen. Der Tag versprach etwas ganz Besonderes zu werden, denn wir hatten von unseren Eltern die Erlaubnis erhalten, nach dem Film durch die ganze Stadt zu ziehen. Mit 14 war das neu und großartig. Wir konnten bei Woolworth herumlungern und uns an der Theke eine Kirschlimonade holen. Wir konnten bei Fedway so oft wir wollten mit dem Aufzug nach oben und wieder runter fahren. Wir konnten von einem Ende der Stadt zum anderen und wieder zurück spazieren, und wir konnten mit Jungens flirten. Als ich am Abend davor ins Bett ging, träumte ich von dieser neuen Freiheit, die ich noch nie gekostet hatte.

Den ersten Dämpfer bekamen meine Pläne, als meine Mutter mir sagte, was ich anzuziehen hatte.

»Ich will das nicht anziehen.«

Sie legte das weiße Sackkleid quer über mein Bett. »Du musst.«

»Warum?«

»Weil ich es sage.«

»Ich hasse dieses Kleid.«

»Du ziehst es an, oder du bleibst hier.«

Blödes weißes Sackkleid. Ich hasste es von dem Moment an, in dem ich es bekam. Irgendein dämliches abgelegtes Stück von einer Cousine, die wahrscheinlich froh war, es los zu sein. Ich war sicher, Ann-Margret hätte nie etwas angezogen, das ihr nicht gefiel.

Im Kino war es dunkel. Meine Freundinnen und ich kauften Popcorn und ein paar *Milk Duds*, bevor die Vorstellung begann. Während des Mittelteils kuschelten wir uns aneinander, und ich will Ihnen nicht verschweigen, dass ich auf meinem Sitz hin- und herwackelte, als Conrad Birdie seinen ersten Auftritt hatte. Ich fragte mich, ob ich mit offenen Haaren Ann-Margret gleichen würde. Das Problem war, dass meine Mama mir nie erlauben würde, meine Haare offen zu tragen. Für mich gab es nur Pferdeschwanz oder Zopf.

Und dämliche weiße Sackkleider.

Als der Film zu Ende war, gingen wir kichernd hinaus ins Sonnenlicht, taten vornehm wie Ann-Margret und fragten uns laut, ob wir je unseren eigenen Bobby Rydell oder Conrad Birdie haben würden. Wir tanzten die Methvin-Street hinunter und sangen: »Wir lieben dich, Conrad, o ja, o ja.« Hätten wir mehr Aufmerksamkeit auf uns ziehen können? Ich glaube nicht. Wir fünf lachten und sangen nach Herzenslust und wussten, dass unsere Eltern es wahrscheinlich herausbekommen würden, denn jeder kannte jeden, und irgendjemand tratschte immer.

Ich als die Schüchterne der Gruppe hatte meinen Ann-Margret-Auftritt, als ich meinen Zopf öffnete und meine langen blonden Haare über meine Schultern fallen ließ. Ich twistete und wirbelte durch die ganze Stadt und den Fahrstuhl bei Fedway hinauf und hinunter. Ich war total durchgedreht. Ich flirtete sogar mit dem Jungen von der Tankstelle an der Ecke zwischen Main- und Cotton-Street. Ich wünschte, der Tag würde nie zu Ende gehen.

Tanzend und einander antreibend kamen wir Mädchen wieder bei dem Kino an, wo unsere Eltern uns abholen sollten. Und dort machte meine Welt eine Bruchlandung.

»Was ist denn das da hinten auf deinem Kleid?«

»Was? Nichts. Wo denn?« *Blöder weißer Sack*, dachte ich.

»Igitt, dir ist ein Malheur passiert!«, rief meine Freundin.

»Ist mir nicht. Was ist es?«

»Kacke!«

»Nein, ist es nicht!« Ich konnte spüren, wie mein Gesicht heiß wurde, und ich wusste, dass ich knallrot anlief.

Ich zog an der Rückseite der hässlichen weißen Kutte und drehte sie zu mir, damit ich mir die Sache ansehen konnte. In der Höhe meines Hinterns klebte eine ekelhaft aussehende braune Schmiere.

Schokolade?

Milk Duds? Ich fühlte mich wie eine Niete.

Ich erinnerte mich daran, wie ich in der Stadt herumgetanzt und geschrieen und so getan hatte, als sei ich Ann-Margret. Ich fühlte mich betrogen von dem hässlichen weißen Sackkleid und meiner Mutter, die es mich hatte anziehen lassen.

Bis heute kann ich keine Schokolade essen, ohne mich zu erinnern und mich zu schämen. Und bis heute trage ich nie Weiß.

Nie!

Jessica R. Ferguson

Schokolade und Liebe

Das Leben hat mehr als Schokolade zu bieten,
nur nicht jetzt gerade.

Verfasser unbekannt

Meine Stieftochter Laura bedachte mich mit bösem Blick Nummer drei, stampfte die Treppe hinauf und murmelte etwas Unverständliches, nachdem ich ihr gesagt hatte, sie solle ihre Hausaufgaben noch einmal machen. Ich wiederholte meine Anweisungen zum Rücken eines gebatikten Shirts, der um die Ecke verschwand. Frustriert griff ich mir eine Tasse heißes Wasser und einen Löffel und riss ein Päckchen mit seidigem braunem Pulver auf. Zeit für die Heiße-Schokolade-Therapie.

Das himmlische Aroma beförderte mich an einen anderen Abend, einen anderen Ort – fünf Jahre zuvor, als Laura neun war. Am ersten Abend unserer allerersten Kreuzfahrt überhaupt, nach eintägiger Reise und üppigem Vier-Gänge-Menü, waren mein Mann und ich fix und fertig.

Um 11 Uhr abends lagen wir im Bett, er schnarchte, und ich hielt mit Mühe die Augen offen, um mir zu überlegen, welche

Aktivitäten an Bord wir am nächsten Tag mitmachen könnten.

Laura würde wahrscheinlich die Schnitzeljagd Spaß machen, dachte ich. Meinen Mann Dan könnte ich zu einem Line-Dance-Kurs schleppen.

Ich war am Einnicken, als ein Klaps auf die Schulter mich hochfahren ließ. »Hier, nimm die Brille ab, wenn du schläfst.«

Wie es ihr Vater zu Hause jeden Abend tat, zog eine frisch geschrubbte Laura, die eigene Brille noch von der warmen Badezimmerluft beschlagen, mir behutsam meine ab und legte das Programmheft auf den Nachttisch, bevor es auf den Boden fallen konnte. Und wie es auch zu Hause immer passierte, war ich durch die Bewegung und das Reden wieder hellwach.

Laura sah in ihrem Welpenschlafanzug hinreißend aus und duftete nach Blütenseife und Zahnpasta. Aber ich wusste, dass ein hübsches Aussehen, ein angenehmer Geruch und gute Taten täuschen konnten. Auch ich als Stiefmutter konnte mir leicht ausrechnen, dass der Gedanke an eine wochenlange Trennung vom normalen Leben, besonders von ihrer Mama, für Laura ziemlich unangenehm war.

Das Foto, das meinen Mann, mich und sie – gequälter Ausdruck inbegriffen – beim Betreten des Schiffes zeigt, war ein bleibender Beleg für die fehlende Begeisterung des Kindes, mit uns wegzufahren.

Ich glaube, nach der Brillenaktion habe ich Laura wütend angestarrt, während sie mich ebenfalls angesehen hat. *Okay*, dachte ich, *wer von uns beiden ist hier das Kind?*

Plötzlich fiel mir etwas ein, von dem ich dachte, dass es

meinem motzigen kleinen Passagier Spaß machen würde. Im Stillen hoffte ich, dass neben ihrem Vater auch unser gemeinsames Interesse uns helfen könnte, einen herzlichen Kontakt zwischen uns herzustellen.

»Warte, Schatz, in dieser Broschüre steht was über eine Mitternachtsparty.« Ich gab Laura das Hochglanzfoto von einem Tisch, der mit den verschiedensten Schokoladenleckereien überladen war, und die dazugehörige Ankündigung.

Aufgeregtes Erstaunen erhellte nun ihr Gesicht, und sie sprudelte mit Fragen über: »Ist das wahr? Ist es umsonst? Können wir hingehen? Können wir wirklich unseren Schlafanzug anlassen?«

»Na, hier steht jedenfalls ›Wahnsinns-Mitternachts-Pyjamaparty für Schokoladenliebhaber, Gratis-Schokoladenbüffet, Samstagabend im großen Saal‹, also ja, gehen wir hin.«

Ein paar Augenblicke später machte ich mein Gesicht ein bisschen zurecht, kämmte mir die Haare und kritzelte eine kurze Notiz für meinen Mann: »Sind auf der Schokoholiker-Fete! *Mjam*.«

»Guck mal, ein toller Schokoladenbrunnen ... und das Fudge ... Erdbeeren mit zwei Schichten Schokolade ... Das ist ja so cool!« So plapperte Laura, bevor wir uns mit hocherhobenen Händen abklatschten und dann schamlos in das Sammelsurium der vor uns aufgebauten Kakao-Kunstwerke eintauchten.

Keine von uns kümmerte es, dass wir die Einzigen waren, die den Ausdruck *Wahnsinns-Mitternachts-Pyjamaparty* wörtlich genommen hatten. Unsere weißen Pyjamas und die Plüschpantoffeln müssen inmitten der paillettenbesetzten Kleider und Smokings ein bisschen deplatziert gewirkt haben, aber uns war es egal. Wir waren ein Paar von durchgeknallten Schokoholikern, die spät am Abend mächtig einen draufmachten.

Am nächsten Morgen flüsterte ich meinem Mann noch im Bett die Einzelheiten unseres Ausflugs zu, wie wir gekichert hatten, wenn wir uns ein Geheimnis mitteilten, und dass wir als Einzige im Schlafanzug da waren.

Ich lächelte jedes Mal, wenn ich erwähnte, wie oft Laura sich bei mir bedankt hatte und wie großartig wir uns zusammen amüsiert hatten.

Jetzt, da Laura 14 ist und die Kleinmädchenjahre vorbei sind, scheint unsere Beziehung komplizierter zu werden. Manchmal würde ich gern zu einer einfacheren Phase zurückspulen. Ich würde gern noch einmal kuschelige Plüschpantoffeln tragen und diesen magischen Schokoladenpartyabend wieder erleben, an dem wir zwei unkapriziöse Mädels waren, die einfach Spaß miteinander hatten.

Vielleicht könnte sie ja ein bisschen Schokoladentherapie, ein bisschen Schokoladenfreundschaft gebrauchen. *Verwandelt gemeinsamer Schokoladenverzehr sich in Liebe?,* fragte ich mich. Vielleicht wäre es an der Zeit, die Treppe hochzurufen: »Komm, Laura, wir backen Brownies!«

Rhonda C. Leverett

Danke, Weihnachtsmann

Jeder vernünftige Mensch mag Schokolade.

Bob Greene

An jedem Heiligen Abend, solange ich zurückdenken kann, hinterließ der Weihnachtsmann M&Ms in meinem Strumpf. Er gab sich dabei richtig viel Mühe. Der lustige alte Gesell zog nicht etwa einfach im Laden gekaufte Tüten aus seinem Sack und ließ sie in den wattierten Strumpf im Schottenmuster fallen, der im Wohnzimmer meiner Familie an den Kaminsims genagelt war. Er ließ sich Zeit und trennte die festlich roten und grünen Bonbons von den anderen. Das war, bevor es sie zu den Feiertagen in speziellen Farbkombinationen zu kaufen gab. Der Weihnachtsmann verdrehte die einzelnen Bonbons sogar zu ordentlichen kleinen Zellophantrauben, die durch geringelte Bänder zusammengehalten wurden.

Als ich sechs wurde, begann der Weihnachtsmann, mich nicht nur mit den normalen M&Ms, sondern auch mit der Erdnuss-Version meiner Lieblingsschokoladensüßigkeit zu beglücken. Er hinterließ zudem andere schöne Sachen in meinem

Strumpf: Buntstifte und Haarspangen und flauschige Winterfäustlinge, als ich klein war, Nagellack und Lippenstift und saftige Mandarinen, als ich älter wurde. Aber auf die M&Ms freute ich mich immer am meisten.

Ohne sie wäre es einfach kein Weihnachten gewesen.

Die Zeit verging. Ich wurde erwachsen, heiratete und zog weit weg von meinen Eltern und dem Haus, in dem ich groß geworden war. In den meisten Jahren konnte ich irgendwann in der Weihnachtszeit zu Besuch kommen. Aber wenn es nicht ging, landete immer unmittelbar vor Weihnachten ein Päckchen in meinem Briefkasten. Darin lag mein gesteppter Strumpf im Schottenmuster. Im Strumpf fand ich immer ordentliche kleine Paketchen mit roten und grünen M&Ms, die in Zellophan gepackt und mit Ringelband verschnürt waren.

Ohne sie wäre es einfach kein Weihnachten gewesen.

Ich war 27, als meine Eltern am Tag nach Thanksgiving bei einem tragischen Unfall ums Leben kamen. Je näher Weihnachten heranrückte, desto trauriger wurde ich. Wie sollte ich ohne Mama und Papa die Feiertage überstehen? Am Heiligen Abend weinte ich mich in den Schlaf. Ich hatte vor, mir am Morgen des ersten Weihnachtsfeiertages die Decke über den Kopf zu ziehen, den Tag im Bett zu verbringen und mich zu bemitleiden. Aber mein Mann hatte andere Pläne.

Er stand mit einem dampfenden Becher Kaffee neben dem Bett und sagte: »Steh auf. Trink ein paar Schlucke, und dann sehen wir mal nach, was der Weihnachtsmann gebracht hat.« Er nahm meine Hand und führte mich ins Wohnzimmer. Und da, angenagelt am Sims über unserem kleinen offenen Kamin, hing mein gesteppter karierter Strumpf. Mir stiegen die Tränen in die Augen.

»Na los, mach ihn auf und sieh nach, was du bekommen hast«, sagte er. Ich drehte den Strumpf um und schüttelte ihn. Heraus fielen: eine Schachtel Buntstifte. Zwei Fläschchen Nagellack. Ein paar Plastikhaarspangen. Eine Tube Lipgloss. Ein Paar flauschige Winterfäustlinge. Drei saftige Mandarinen.

Und schließlich ein paar ordentliche kleine, mit Ringelband verschnürte Zellophantrauben, die vollgestopft waren mit roten und grünen M&Ms, genau so, wie ich sie jedes Jahr zu Weihnachten bekommen hatte, so lange ich zurückdenken konnte.

»Danke, Weihnachtsmann«, flüsterte ich. »Ohne sie wäre es einfach kein Weihnachten.«

Von irgendwo hoch da oben, das wusste ich, lächelten Mama und Papa herunter.

Jennie Ivey

Der Alte Rote Teufelskuchen

Es gibt keine Anonymen Schokoholiker,
weil diesen Entzug niemand machen will.

Verfasser unbekannt

Auf einer Farm in Minnesota ist eine Mahlzeit ohne Nachtisch undenkbar. Als Belohnung für frühes Aufstehen, harte Arbeit, Ungewissheit und die Angst vor dem Wetter mit all seinen Extremen gab es Omas köstliche üppige Mahlzeiten, gekrönt von irgendeiner süßen Kleinigkeit am Schluss.

Ich wuchs in dem Wissen auf, dass die Keksdose immer voll sein würde. Im Gefrierschrank würde es immer einen regentonnengroßen Eimer Eiscreme geben. Die mittlere Schublade in Omas Küche war eine Fundgrube für Puddingpulver und geraspelte Schokolade. Winzige juwelengleiche Fläschchen mit allen dem Menschen bekannten süßen Aromen füllten den Drehständer auf der Anrichte.

Die besten Sachen fingen immer mit Butter und einem

großen Holzlöffel an. Oma und Opa hatten einen Milchviehbetrieb, und für Opa kam etwas anderes als echte Süßrahmbutter überhaupt nicht in Frage. Einmal schlug Oma vor, zu Margarine zu wechseln, aber mit dem entgeisterten Blick des Betrogenen zeigte Opa zur Scheune. »Aber Marie! Wir züchten Kühe!«

Oma antwortete, indem sie aus ihrem Küchenfenster auf die grünen Wiesen zeigte, die sie umgaben. »Bill, wir bauen auch Sojabohnen an!«

Oma hatte eine riesige Rührschüssel, glänzend wie ein neuer Penny und groß genug, um sie als Vorschlaghammer zu benutzen … was aber nicht heißen soll, dass eins von uns Enkelkindern diese Erfahrung einmal gemacht hätte. Ausgepackte und in dieser Schüssel weich werdende Butterbatzen waren wie ein Zeichen des Himmels. Etwas Gutes war in Vorbereitung.

Manchmal backte Oma Cookies mit Schokoladensplittern, deren Konsistenz perfekt zwischen mürb und knusprig angesiedelt war. Wenn meine Mutter in ein solches Cookie biss, klagte sie jedes Mal, dass sie nicht genauso gut backen konnte. Manchmal bekamen wir Hafermehl-Cookies mit dicken Rosinen, die darauf warteten, wie Regenwolken im Mund zu zerplatzen. Oder Rührkuchen mit einer krümeligen Schicht braunem Zucker und als Begleitung dazu den allgegenwärtigen Kaffeebecher, den jeder Erwachsene zu haben schien. Ich trank zu meinem Kuchen ein Glas kalter Milch, die mit einem Tropfen Vanilleessenz aromatisiert war.

Aber der beste und am häufigsten gegessene Kuchen war der

Alte Rote Teufelskuchen. Omas Kuchen bestand aus 22 mal 32 Zentimeter Genuss. Ihre Version des Teufelskuchens war aus der Not geboren, wie so viele Dinge, die in einer Bauernküche auf den Tisch kommen. Die Milch war sauer geworden? Kein Grund, sie zu entsorgen. Kochendes Wasser sparte Zeit, denn die Butter schmolz schneller, und außerdem streckte es die Milch. Kakaopulver statt geschmolzener Schokolade war effizienter und ökonomischer.

Der unglaublich leckere weiße Überzug war das Ergebnis einer Packung Vanilleeiscreme, die zufällig auf der Küchenarbeitsplatte geschmolzen war. Sie nahm den Platz von Milch und Butter ein und wurde mit ein bisschen Puderzucker zum einfachsten und köstlichsten Überzug verrührt, den ich je gegessen habe.

Wenn all diese Sachzwänge in Omas Aluminium-Kuchenform zusammenkamen, auf der auf jeder Seite mit Markierstift ihr Name geschrieben war, entstand etwas Besonderes. Der Kuchen war saftig und gehaltvoll, aber doch so leicht, dass eifrige Esser ohne Gegenwehr dazu überredet werden konnten, noch ein Stück mehr zu nehmen.

Das »Rot« in der Kuchenbezeichnung war immer ein Geheimnis. Obwohl der Kuchen keine Lebensmittelfarbe enthielt, sah man trotzdem einen Hauch Scharlach im Teig. Als ich auf einer Restaurant-Menükarte zum ersten Mal eine Rote Schoko-Buttercreme-Torte fand, war ich selig, denn ich dachte, ich hätte Omas Kuchen entdeckt. Ich irrte mich. Da waren weder die gehaltvolle Schokolade noch die angedeutete Karamelligkeit, die ein Stück von Omas Kuchen so süß verhieß und so zuverlässig lieferte. Der intensive Geschmack des Überzugs war nett, aber es fehlten die weiche Schwere von Omas Guss und das unanständige Wissen, dass man einen Kuchen und gleichzeitig Eiscreme aß.

Ich habe, was Schokoladenkuchen betrifft, alles hinter mir. Ich habe sie in vollen Zügen genossen, jedes Stück, jeden Bissen, jeden letzten Krümel, den ich vom Teller auflas, damit er nicht vergeudet war. Ich habe Schwarze Herrentorte, Trüffeltorten ohne Mehl, Mousse-Torten mit fünf Sorten Schokolade, Käsekuchen mit Schokoüberzug und Tassenkuchen mit Fudgestückchen gegessen: Sie alle sind mit Genuss verschlungen worden. (Genau genommen mit Schlagsahne plus Eiscreme plus Sirup plus Kirschen.) Ich habe sie selbst gemacht. Ich habe sie in einigen der besten Konditoreien und Restaurants des Landes gegessen. Ich habe sogar Omas handschriftliches Rezept verwendet, das ganz fleckig war durch Generationen von Teig und den Kakao- und Mehlstaub von Jahrzehnten. Aber es wird auf der ganzen Welt nie wieder einen Kuchen geben wie den Alten Roten Teufelskuchen, den meine Oma in der Farmküche zusammenrührte. Und wenn Sie nie am Tisch meiner Oma Platz nehmen konnten, wissen Sie einfach nicht, was Sie verpasst haben.

Lori Falce

Verlassen Sie ausgetretene Pfade

Im spanischen Barcelona sind einige der innovativsten und exklusivsten Chocolatiers der Welt zu Hause. Der gefeierte Schokoladenhersteller Enric Rovira verwendet die folgenden ungewöhnlichen Zutaten für seine erfolgreichen Kreationen mit 70 Prozent Kakaogehalt:

Gesalzene Kürbissamen und dunkle Schokolade, bestäubt mit Lakritzpulver

Geröstete und gesalzene Maiskörner, dunkle Schokolade, bestäubt mit Kakaopulver

Frittierte, gesalzene Speckschwartenchips und dunkle Schokolade, bestäubt mit Kakaopulver

Geröstete Kakaobohnen und weiße Schokolade, bestäubt mit Puderzucker

Geröstete Kakaobohnensplitter in dunkler Schokolade

Sortenreine costaricanische und kenianische Kaffeebohnen, dunkle Schokolade, bestäubt mit Kakaopulver oder Puderzucker

Das Schokoladen-Match

Mein Therapeut hat mir gesagt, die beste Methode, inneren Frieden zu erreichen, bestünde darin, Angefangenes zu beenden. Heute habe ich bis jetzt zwei Tüten M&Ms und einen Schokoladenkuchen ganz aufgegessen. Ich fühle mich schon besser.

Dave Barry

Mein Sohn Patrick stürzte zur Tür herein und ließ sie hinter sich zufallen.

»Mama, Mama, ich werde nach Disneyland fahren!«

»Was, wann? Wovon sprichst du?«, fragte ich.

»Es ist ganz einfach! Ich muss nur 50 Schachteln mit Schokoriegeln verkaufen, dann kann ich fahren. Das hat der Trainer gesagt.«

»Sachte, sachte, jetzt mal langsam, mein Junge. Weißt du, wie viele Schokoriegel in einer Schachtel sind?«

»Nee, aber jeder isst gern Schokolade. Ich verkaufe sie einfach an all unsere Freunde.«

Ich rechnete überschlagsmäßig aus, wie viele Schokoriegel in 50 Schachteln drin waren und wusste, dass das ein hartes

Stück Arbeit werden würde. Aber ich hasste es, die Seifenblase meines sechsjährigen Sohnes platzen zu lassen.

»Patrick, wir haben nicht so viele Freunde, an die wir die Schokoriegel von 50 Schachteln verkaufen könnten.«

Die Enttäuschung auf seinem Gesicht ließ mein Herz dahinschmelzen. Ich wollte nicht, dass er von Tür zu Tür ging, und im Büro meines Mannes galt der Grundsatz »Keine Gefälligkeiten«. Dort würden wir also auch keine Schokolade verkaufen können.

Dann schmiedete ich einen Plan.

»Patrick, wir werden unser Bestes tun. Warte einfach bis zum Ende dieser Woche.«

Der Freitagabend kam, und ich zog Patrick seine Little-League-Kluft* an. Es machte nichts, dass er für sein Alter sehr klein und zart war und wie ein Vierjähriger aussah.

Wir stapelten die Schokoriegelschachteln in meinen VW-Käfer und steuerten die örtliche Einkaufspassage an.

Ich stellte einen Campingtisch vor der Bank auf und legte eine einzige Schachtel mit Schokoriegeln plus seinen Baseball und seinen Handschuh darauf. Wir zogen alle Register. Ich gab ihm ein paar letzte Anweisungen.

»Warte, bis die Leute aus der Bank kommen. Sie haben dann Bargeld in der Tasche. Lass immer nur eine Schachtel mit Schokoriegeln auf dem Tisch stehen. Die anderen sind bei mir im

* Die »Little League« ist eine gemeinnützige US-amerikanische Organisation, die Baseball- und Softball-Ligen für Kinder und Jugendliche veranstaltet. (A. d. Ü.)

Auto. Sag den Leuten, das wäre die letzte Schachtel, die du zu verkaufen hast, dann wärst du fertig.«

O Gott, dachte ich, *für diese Lüge werde ich in die Hölle kommen. Vergib mir.*

»Wenn du dir bei jemandem nicht ganz sicher bist, ob du ihn ansprechen sollst, sieh zu mir herüber und streich über die Krempe deiner Baseballkappe. Ich stehe dort drüben auf dem letzten markierten Parkplatz. Wenn ich den Daumen hoch halte, ist es in Ordnung, dass du den Betreffenden ansprichst. Bei Daumen runter bleibst du weg. Alles klar?«

Er nickte, und wir setzten unseren Plan in die Tat um. Ich machte es mir mit einem guten Buch und einer Cola gemütlich.

Patrick war ein Naturtalent. Er nahm den Ball und warf ihn mitten unter den Passanten von einer Hand in die andere. Er war so klein und in seiner graublauen Montur so geschäftsmäßig, dass die Leute ihn liebten.

Nach kurzer Zeit rieb er hektisch an seiner Kappe.

Ich hielt den Daumen hoch.

Kurz darauf erneutes Krempenreiben. Ich signalisierte noch ein Ja. Jetzt wusste ich, wie Trainer sich fühlen, die während eines Matchs von der Bank aus diese seltsamen Zeichen geben.

Die Schokoriegel flogen nur so durch seine Hände. Er verkaufte nicht genug für seinen Ausflug nach Disneyland, aber wir verkauften mehr als alle anderen in seiner Mannschaft. Am Schluss blieben uns einige Schachteln übrig, und ich glaube, im Monat danach haben wir ziemlich viel Schokolade gegessen.

Unser Zahnarzt wirkte bei unserem nächsten Besuch jedenfalls besonders glücklich.

Patrick ist jetzt erwachsen und spielt immer noch in einer Softball-Liga. Seine Frau sitzt auf der Tribüne und feuert ihn jeden Freitagabend an. Letzte Woche rief er mich an.

»Hallo Mama, willst du nicht irgendwann mal freitags vorbeikommen und mich spielen sehen?«

»Das hat aber nichts mit irgendwelchen Schokoriegeln zu tun, oder? Ich erinnere mich, dass wir das letzte Mal, als ich mich auf dich und Baseball eingelassen habe, reichlich Schokolade verkauft haben.«

Er lachte. »Nein, Mama, die einzige Schokolade, die du zu sehen bekommen wirst, ist der große Schokoriegel, den ich dir am Imbissstand kaufen werde.«

»Da stehst du drauf«, antwortete ich.

Sallie A. Rodman

Himmlische Cookies

Das Leben ist wie eine Pralinenschachtel.
Man weiß nie, was man bekommt.
Tom Hanks als Forrest Gump

Als ich ein Kind war, rief die Schokolade mich lauter, als Mama schreien konnte. Ich erinnere mich, dass ich diese köstliche Süßigkeit zum ersten Mal genoss, als wir in einem kleinen Haus hinter meinen Großeltern wohnten. Wenn ich genauer darüber nachdenke, gab Oma den entscheidenden Startschuss für meine Schokoladensehnsucht. Als Krabbelkinder sahen mein kleiner Bruder und ich uns im Haus meiner Großmutter oft eine Kindersendung an. Wenn wir ihr auf die Nerven gingen, scheuchte sie uns hinaus in den Hof.

An einem bestimmten Tag hatte mein Bruder den Clown Clarabelle satt und machte sich auf den Weg zu unserem Haus. Ich rutschte auf Omas Couch herum, bis ich ihr auf die Nerven ging. »Man meint, du hättest Ameisen in der Hose! Hier, nimm diese Plätzchen mit nach Hause und teil sie mit deinem Bruder.« Sie packte vier rechteckige, von einer festen Glasur überzogene Schokocookies in meine kleinen Hände. O wow, ein Bissen davon, und ich war im Himmel. Ich schob mir das zweite Cookie in den Mund, bevor ich das erste hinuntergeschluckt hatte, und wäre glücklich an Schokoladenerstickung gestorben, wenn Oma nicht gesagt hätte: »Jetzt aber los, spar die zwei anderen für deinen Bruder auf.«

Genau in diesem Augenblick lehnte Mama sich aus unserer Verandatür heraus und schrie: »Oma! Schick sie heim! Zeit für den Mittagsschlaf!« Ich musste schnell denken. Ich wusste, dass diese Cookies, sollte ich mit ihnen zur Tür hereinkommen, für mich verloren wären. Also packte ich sie auf einen Baumstumpf, der etwas größer war als ich. Ich dachte mir, wenn niemand sie sehen könnte, würde auch niemand sie finden. Sobald ich wach wurde, würde ich sie holen. Grinsend rannte ich die Zufahrt hoch und war zur Abwechslung mal ganz erpicht auf mein Nickerchen. Mama bot mir einen Schluck Wasser an, aber ich schüttelte den Kopf. Ich wollte diesen köstlichen Schokoladengeschmack möglichst lange im Mund behalten. Ich glitt in den Schlaf und träumte von meinem verborgenen Schatz und dem kommenden Genuss.

Als ich wieder wach wurde, sagte ich Mama, ich wolle zu Oma gehen. Sie entriegelte die Verandatür, und ich flitzte los. Ich plante meine Strategie, während ich den Weg herunterrannte: Ich würde die versteckten Cookies aufessen und dann ganz ruhig auf Omas Couch sitzen. Sie würde nicht sagen, ich hätte Ameisen in der Hose, und später würde ich um ein weiteres Plätzchen bitten.

Als ich an diesem warmen Sommertag den Baumstumpf erreichte, stellte ich mich auf die Zehenspitzen und tastete nach meinen Cookies – bestürzt und beunruhigt zunächst, als ich sie nicht finden konnte, dann freudig erregt, als meine Finger den Stapel umklammerten. Ich biss in ein Plätzchen und kaute mit ekstatischer Lust. Meine Sinne waren hellwach.

Ich spürte das Kribbeln, noch bevor ich den Pfad hektischer Ameisen sah, die so schwarz waren wie das süße Stückchen, das ich in der Hand hielt, und jetzt meinen Unterarm heraufmarschierten. Ich schrie, ich kreischte, ich spuckte und zog die Aufmerksamkeit von Mama, Oma und sämtlichen Nachbarn auf mich.

Oma griff nach dem Gartenschlauch und spritzte die Ameisen von meinen Armen und aus meinem Mund. Nichts konnte mich beruhigen. Ich blieb unbeeindruckt von Mamas Umarmung und ignorierte Omas Aufforderung, tief durchzuatmen. Sie gabelte mich auf und sagte meiner Mama, sie würde mich fernsehen lassen.

Ich schrie hysterisch. Ich trat um mich und weinte. »Nein, nein, *nein*!« Nie im Leben würde ich in Omas Haus zurückgehen können. Sie setzte mich auf die Couch, und ich sprang auf und schüttelte meine Hosenbeine aus. »Was machst du, Spatz?«, fragte sie.

Ich brach wieder in Tränen aus. »Ich mach die Ameisen aus meiner Hose raus«, weinte ich.

»O Schatz, ich hab alle Ameisen von dir abgespritzt, hier, iss noch ein Schokocookie und trink ein Glas Milch.«

Mit Ausnahme dieser Schokocookies lehne ich bis heute keine Schokolade ab, vor allem, weil die Gesundheitsspezialisten neuerdings große Reden über die Vorteile von Flavonoiden schwingen. An manchen Tagen fühle ich mich wieder wie fünf und ersticke fast an dunkler Schokolade.

Linda O'Connell

Der Weg nach Hause

Kaffee, Schokolade, Männer … manche Dinge sind einfach besser, wenn sie mehr Gehalt haben.

Verfasser unbekannt

Als Kind verstand ich überhaupt nicht, warum alle so ein Getue um Schokolade machten. Ich konnte Schokoladenkuchen nicht ausstehen. Brownies aß ich ab und zu, aber Schokoladeneis blieb nie lange in meinem Anti-Schokolade-Magen. Sogar unsere Familientradition, heiße Schokolade, ging völlig an mir vorbei. Wenn die kalten Monate sich einzuschleichen begannen und der Raureif das Gras überzog, fing Mama an, heißen Kakao zu machen. Sie, meine Schwester und mein Bruder saßen dann herum und genossen seine Wärme. Ich wollte ihn noch nicht einmal probieren.

Jahreszeiten, Ferien und Traditionen kamen und gingen, und ich wurde erwachsen und fand mich an einem College wieder, das in einem anderen Bundesstaat und somit weit weg von allem Vertrauten war. Die Stimmen meiner Eltern, die mir Morgen für Morgen durch die Schlafzimmertür zugerufen hatten, ich solle aufstehen, waren nicht mehr da. Stattdessen schleuderte mich das laute Klingeln meines Weckers von meinem Traumland in die Realität zurück.

Meine einsamsten Momente in diesem neuen Leben hatte ich, wenn ich in ein Wohnheim voller Fremder zurückkehrte. Der Ort, an dem ich jeden Abend meinen Kopf zur Ruhe bettete, fühlte sich nicht mehr sicher und behaglich an. Stattdessen sah ich, wenn ich mich umblickte, nur Unvertrautes.

Später in diesem Herbst, als es kalt zu werden begann, forderte der Stress des Collegelebens seinen Tribut, und ich wollte nur noch weg. Ich ging in den einzigen Raum, in dem ich ein bisschen Ruhe zu finden hoffte – mein Zimmer im Wohnheim. Als ich eintrat, stellte ich fest, dass meine Zimmergenossin all ihre Freundinnen in unserem nur gefängniszellengroßen Zimmer versammelt hatte. Frustriert drehte ich ab und wünschte mir, ich könnte einfach wieder in mein Backsteinzuhause im ländlichen Missouri spazieren und meine Familie lachen sehen, während sie alle ihre Becher mit heißer Schokolade tranken. Zum ersten Mal in meinem Leben wollte ich mittendrin in der Tradition sein, an der ich mich früher nie beteiligt hatte.

Deprimiert und mit hängenden Schultern wanderte ich zur Poststelle auf dem Campus, der ein Buchladen angegliedert war. Ich schloss mein Postfach auf und betete im Stillen um eine Nachricht von zu Hause, und sei sie noch so banal. Ich wurde ganz aufgeregt, als ich mit der Hand in die Metallbox griff und nicht nur einen, sondern gleich zwei Briefe von Zuhause herauszog, einen von meiner Mutter und einen von meiner Schwester.

Ich ging die Treppe hinunter und steuerte auf den Ausgang

zu. Ich streckte gerade die Hand nach dem Türgriff aus, als mir ein vertrauter Geruch in die Nase stieg. Ein schiefes Lächeln huschte über mein Gesicht, als ich mich umwandte und zum rückwärtigen Teil des Ladens ging. Ich holte mir einen Becher, stellte ihn unter den langen Ausguss der Maschine und drückte den roten Knopf. Heraus schoss ein Schwall heißer Schokolade.

Als der Becher voll war, legte ich einen Deckel auf die dampfende Flüssigkeit, zahlte, ging zur Tür hinaus und machte mich zum nächsten freien Picknicktisch auf. Ich setzte mich auf die kalte Holzbank, zog die Briefe aus meiner Tasche und stellte meine heiße Schokolade vor mich hin. Ich öffnete die Briefe und begann zu lesen, während ich einen Schluck von dem heißen Schokoladengetränk nahm. Wärme durchströmte meinen Körper, und ich fühlte mich wohl. Zum ersten Mal, seit ich einen Fuß auf den Campus gesetzt hatte, spürte ich den Frieden, den nur meine alte häusliche Umgebung mir geben konnte. Die Sorgen wegen meiner Kurse waren weg, und der Ärger über meine Zimmergenossin war vergessen. Zum ersten Mal in meinem Leben schloss ich mich einer Tradition an, über die ich so oft die Nase gerümpft hatte. Ich wärmte meine Hände an dem heißen Becher, lachte über die Geschichten meiner Schwester und lächelte angesichts der liebevollen Worte meiner Mutter. Kilometer trennten uns, aber heißer Kakao und Briefe haben uns an diesem Tag zusammengebracht.

Ich hatte schon oft gehört, dass Schokolade als Seelentröster gilt. An diesem Tag, als ich allein und Kilometer entfernt von Zuhause da draußen saß, wurde die Schokolade meine Verbindung zu einem Ort, der mehr bedeutete als nur Behaglichkeit. Dass ich heiße Schokolade trank und mich so der Familientradition anschloss, wurde zu meinem Weg zurück nach Hause.

Angela Gray

Die belgischen Wurzeln der Schokolade

1857 begann der Drogist Jean Neuhaus in Brüssel, Schokoladentabletten für medizinische Zwecke herzustellen. Die Beliebtheit dieser Schokolade machte ihn schnell zum Chocolatier. Heute produziert die Firma Neuhaus über 70 Sorten Schokolade, darunter extrem kakaohaltige, handgefertigte Sorten sowie kandierte Orangenschalenstreifen in Schokolade, die so genannten Orangettes.

1896 gründete Antoine Jacques, der sich den Schokoriegel patentieren ließ, in der belgischen Stadt Eupen die Jacques Chocolaterie. Heute produziert die Firma 80 Tonnen Schokolade täglich.

Ein Schloss aus dem 18. Jahrhundert im belgischen Kurort Chaudfontaine ist eines der exquisitesten Wellnesshotels des Landes. Zu Ehren von Belgiens Schokoladentradition bietet das Hotel eine »Schokoladenmassage« an – 45 Minuten dekadenter Genuss.

Lieber Schok

Schokolade: Heute hier … morgen fort!

Verfasser unbekannt

Ich hätte mir nie träumen lassen, dass ich irgendwann diesen Brief schreiben würde. Aber ich glaube, dass ich es tun muss – meinem Herzen zuliebe. Mich von unserer langen, befriedigenden Beziehung abzuwenden, ist unendlich schwierig.

Es liegt nicht an Dir. Du bist alles, was ein Mädchen sich wünschen kann. Du bist cremig, dunkel und gehaltvoll, und dass Du aus der Schweiz bist, vermehrt nur Deinen Reiz. Ich habe Deine weiche, köstliche, manchmal nussige Seite entdeckt, die sich unter einem dunklen Äußeren verbirgt.

Du hast mich an kalten Winterabenden gewärmt und mich an heißen Sommertagen erfrischt.

Ich werde jedes Mal an Dich denken, wenn ich Vollmilch oder heißen Tee trinke oder Vanillejogurteis esse. Wir haben jeden Geburtstag und jeden wichtigen Jahrestag miteinander geteilt. Wie soll ich den Valentinstag oder Ostern ohne Dich überleben?

Du musst zugeben, dass in einer gesunden Beziehung beide Partner wachsen sollten. Aber ich habe das Gefühl, dass unsere Partnerschaft zu einseitig ist. Du bist derselbe geblieben, und nur ich bin gewachsen – aus zwei Jeansgrößen heraus.

Dass mein Blutdruck und mein Cholesterinspiegel so gestiegen sind, hat mich zu der Erkenntnis gebracht, dass ich noch einmal von vorn anfangen muss.

Ich gebe zu, dass unsere Beziehung ein bisschen bittersüß war. Das sollte Dich nicht überraschen. Ich habe schon früher versucht zu gehen. Na gut, ich bin immer wieder zurückgekommen. Ich war nie in der Lage zu einem glatten Bruch.

Diese Trennung ist so schwierig, weil ich weiß, dass Du mich immer zurücknehmen würdest, egal, was ich sage oder tue. Ich müsste nur die Hand ausstrecken.

Wir haben uns nie versprochen, dass es keine anderen geben würde. Ich weiß, dass viele genauso vernarrt in Dich sind wie ich. Und ich muss gestehen, ich habe es mit einem Ersatz versucht. Aber nichts kommt an Dich, das Original, heran.

Die Erinnerung an Deinen Geschmack wird mich für den Rest meines Lebens verfolgen.

Ich nehme die ganze Schuld auf mich. Mein Arzt sagt, eine kleine Dosis von Dir könnte meiner Gesundheit gut tun, aber ich scheine eine Frau zu sein, die zu Exzessen neigt. Deine Küsse machen süchtig. Ich bin nie mit nur einem zufrieden.

Jeden Tag, wenn ich von der Arbeit nach Hause komme, wandert meine Hand zu Dir. Jedes Mal, wenn ich ein Ziel erreiche, möchte ich mich mit einer Kostprobe von Dir belohnen.

Es ist für mich zu einem Zwang geworden. Das muss aufhören.

Sicher freut es Dich zu wissen, dass ich mich einer Selbsthilfegruppe angeschlossen habe. Mit ihrer Hilfe und viel Kraft werde ich vielleicht mein früheres Selbst zurückbekommen.

Ich zögere, Dir Lebewohl zu sagen.

Wer weiß, in einem Jahr oder so, wenn ich mein Ziel erreicht habe, sagen wir, wenn ich um die 60 Kilo wiege, werden wir uns vielleicht wieder begegnen. Es dürfte nur ab und zu sein. Wir werden nie wieder dahin zurückkönnen, wo wir heute sind.

Ich werde meine Absichten geheim halten. Ich habe vor, mich dieses Wochenende zu verwöhnen und mich von Dir nach Kräften trösten zu lassen.

Am Montagmorgen werde ich als Erstes diesen Brief abschicken und meine lange Reise ohne Dich beginnen.

In Liebe,
Barbara

Barbara Ann Carle

Danksagung

Bis ein Buch zusammengestellt, redigiert und veröffentlicht ist, müssen viele Menschen ihre Energie und ihre Sachkenntnis beisteuern. Ein riesiges Dankeschön gilt zunächst unseren Familien:

Marks Frau Inga und ihren Kindern Christopher, Travis, Riley, Oran und Kyle für ihre Liebe und Unterstützung.

Marks Familie Patty, Elisabeth und Melanie, die die Entstehung eines weiteren Buches mit Interesse verfolgt und liebevoll unterstützt haben.

Patricia freut sich über die Liebe und Unterstützung ihrer Familie: ihrer Eltern Ed und Bev Kobbeman, ihrer vier Kinder Jeanne, Julia, Michael und Andrew und deren Ehepartner, ihrer acht Enkel Hailey, Hannah, Zachary, Casey, Riley, Chloe, Adeline und Ethan, ihres Bruders und ihrer Schwester und deren Familien und ihrer vielen über das ganze Land verstreuten Freunde.

Unser Verleger Peter Vegso bringt *Hühnersuppe für die Seele* mit Weitblick und Engagement hinaus in die Welt. Vielen Dank dafür!

Patty Aubery und Russ Kalmaski begleiten diese Reise mit Liebe, Lachen und grenzenloser Kreativität.

Patty Hansen hat die juristischen und lizenzrechtlichen Aspekte jedes einzelnen Buches gewissenhaft und kompetent abgeklärt, und Laurie Hartman war die wertvolle Hüterin des Markennamens *Hühnersuppe für die Seele*.

Michelle Adams, Noelle Champagne, D'ette Corona, Lauren Edelstein, Jody Emme, Teresa Esparza, Jesse Ianniello, Tanya Jones, Debbie Lefever, Barbara LoMonaco, Mary McKay, Dee Dee Romanello, Gina Romanello, Veronica Romero, Brittany Shaw, Shanna Vieyra, Lisa Williams und Robin Yerian kümmern sich mit Sachverstand und Liebe um Jacks und Marks geschäftliche Angelegenheiten.

Danke auch an Theresa Peluso, Koautorin anderer *Hühnersuppe*-Titel, die an der Zusammenstellung dieses Buches mitgewirkt und dafür gesorgt hat, dass wir den Überblick nicht verloren haben und im Zeitplan geblieben sind – durch sie wurde alles leicht. Wir schätzen Andrea Gold für die Zeit und den Einsatz, die sie in die Redaktion dieses Buches gesteckt hat, und bedanken uns für die Arbeit der HCI-Redaktionsabteilung unter Leitung von Michele Matrisciani und des HCI-Kreativ-Teams unter Leitung von Larissa Hise-Henoch, deren Leistungen jedes Buch zu etwas Besonderem machen. Und wir danken der gesamten Belegschaft bei HCI, die wir wegen ihrer schieren Anzahl hier nicht namentlich aufführen können und die all unsere Bücher, Band für Band, mit Engagement und Professionalität dem Leser in die Hand gegeben hat.

Dank des Einsatzes von Claude Choquette und Luc Jutras

von Montréal-Contacts/The Rights Agency freuen Leser auf der ganzen Welt sich über *Hühnersuppe für die Seele* in mehr als 36 Sprachen.

Unser Dank und unsere Wertschätzung gilt den Hunderten von Autoren, die ihr Herz geöffnet und so köstliche Geschichten über ihre Schokoladenlust eingereicht haben. Wir bedauern, dass wir sie nicht alle in diesem Buch veröffentlichen konnten.

Wir möchten auch den Menschen danken, die so freundlich waren, uns beim Auswählen dieser Geschichten zu helfen: Katherine Bontrager, Jennifer Campbell, Jean Harlan, Arlene Jacobs, Keesha Lawrence, Katy McManus-Semphill, Julie Miller, Marsha Oldfield, Kathy Roberts, Sallie Rodman, Diane Smith, Ken Thompson, Patty Tinsdale, Maddy Underbrock, Dave Wilkins, Dona Williams, Heather Young und Phyllis Zeno.

Über die Autorinnen und Autoren

Die Geschichten in diesem Buch sind Erstveröffentlichungen oder bereits publizierten Quellen entnommen. Nachfolgend finden Sie Informationen zu den einzelnen Autoren. Wenn Sie Kontakt zu einem Autor aufnehmen möchten, um sich über sein Werk zu informieren oder ihn zu einem Vortrag vor Ihrer Gemeinschaft einzuladen, können Sie dies gern über die nachstehenden E-Mail-Adressen tun.

Aaron Bacalls Arbeiten sind in vielen US-amerikanischen Printmedien und mehreren Cartoon-Sammlungen erschienen sowie in der Werbung, für Grußkarten oder Wandkalender verwendet worden. Drei seiner Cartoons werden in der ständigen Sammlung der Baker Library an der Harvard Business School gezeigt. Sie erreichen ihn unter abacall@msn.com.

Stephanie Buckwalter, eine preisgekrönte Autorin, hat die unterschiedlichsten Texte verfasst, darunter Bücher für Schulbibliotheken, Webseiteninhalte, Enzyklopädie-Einträge (irgendjemand muss auch sie schreiben!) und Geschichten über das Aufwachsen in einer großen Familie. Sie lebt mit ihrem Mann und fünf Kindern in Virginia.

Cheryl Butler ist die geduldige Mutter von acht Kindern unter 14 Jahren. Wenn sie nicht gerade Wäsche sortiert, schreibt sie eine Familienkolumne für Zeitschriften im südlichen Rhode Island. Ihre Geschichten sind in *Chicken Soup For The Pre-School Mother's Soul* und *The Misadventures of Mom and Disasters of Dad* erschienen. Sie lebt mit ihrem Mann Brian und einer fröhlichen Brut von fünf Jungen und drei Mädchen zusammen. Kontakt: cb091987@aol.com.

Kathe Campbell wohnt mit ihren preisgekrönten Mammuteseln, ihrem kostbaren Wolfsspitz und diversen Katzen auf einem Berg im westlichen Montana. Drei erwachsene Kinder, elf Enkel und drei Urenkel vervollständigen die Herde. Sie hat in Zeitungen und Zeitschriften über die Alzheimerkrankheit geschrieben, und ihre Geschichten finden sich in vielen Webmagazinen. Kathe hat zu anderen Büchern der Reihe *Hühnersuppe für die Seele* beigetragen, außerdem für *People Who Make a Difference, Classic Christmas, Releasing Times, RX for Writers* und medizinische Zeitschriften.

Prof. Elynne Chaplik Aleskow ist mit ihrem besten Freund verheiratet, Richard Aleskow. Die preisgekrönte Pädagogin (Auszeichnung für besondere Verdienste am Wright College in Chicago) publiziert, hält Vorträge und ist außerdem Gründerin und Geschäftsführerin des Fernsehsenders WYCC-TV/ Channel 20, einer PBS-Tochtergesellschaft in Chicago. Besuchen Sie Elynne unter www.lookaroundme.blogspot.com.

Barbara Ann Carle schreibt Kurzgeschichten und Gedichte. Sie ist Mutter von vier und Großmutter von sechs Kindern. Barbara ist pensionierte Polizeibeamtin und lebt mit ihrem Mann und ihrer Familie in Friendswood, Texas.

Harriet Cooper ist freischaffende Autorin. Sie lebt in Toronto/Kanada. Wenn sie nicht gerade in ihr Schokoladenreservoir eintaucht, schreibt sie über Gesundheit, Lebensmittel, Bioprodukte, die Familie, Beziehungen, Tiere und Humor. Ihre Arbeiten sind in verschiedenen *Hühnersuppe für die Seele*-Anthologien erschienen, außerdem in Zeitschriften, Newslettern, Zeitungen, im Radio und auf einer Kaffeebüchse.

Terri Duncan ist Absolventin der Augusta State University. Zurzeit ist sie Graduiertenrepetitorin in Evans/Georgia, hingebungsvolle Hausfrau und Mutter von zwei reizenden Teenagern. Ihr Traum ist es, ein kindergerechtes Buch zu veröffentlichen.

Christina Dymock hat als Lektorin in einer Werbeagentur gearbeitet und am örtlichen College gelehrt. Sie macht und verkauft Schokolade sowie fudgegefüllte Ostereier, und wenn sie sich eine Woche lang mit Schokolade vollgekleckert hat, taucht sie mit einem Lächeln wieder auf. Christina wohnt mit ihrem Mann und drei energiegeladenen Jungen zurzeit in Herriman/Utah.

Susan Engebrecht ist aus den Rocky Mountains in Colorado in den schützenden Schatten des Granite Peak in Zentralwisconsin gezogen, um dort zu leben und zu schreiben. Sie ist Mitglied des Schriftstellerklubs Writers of Wausau sowie des Schriftstellerverbandes von Wisconsin. Ihre Arbeiten sind im Rundfunk ausgestrahlt worden und in literarischen Publikationen, Zeitungen und inspirierenden Zeitschriften erschienen.

Lori Falce ist Schriftstellerin und Schokoladenliebhaberin. Sie ist in Minnesota geboren und in Zentral-Pennsylvania aufgewachsen, wo sie die Penn State University besuchte. Heute wohnt sie mit ihrem Mann Matthew in Osceola Mills in Pennsylvania. Sie ermuntert jeden dazu, sich das Leben mit Schokolade zu versüßen. Lori ist unter lorifalce@gmail.com erreichbar.

Jessica R. Ferguson ist Romanautorin, freiberufliche Schriftstellerin und Koordinatorin für die Schreibwebseite der Lamar University. Wegen der Arbeit ihres Mannes wandert sie – abgesehen von einem Vergnügungstrip nach Schottland – zwischen Texas und Louisiana hin und her. Jess liebt alles Schokoladige, besonders aber *Milk Duds*.

Angela Gray ist eine Kleinstadtpflanze aus Patterson in Missouri. Sie arbeitet Vollzeit als Sekretärin und illustriert nebenbei Kinderbücher. In Zusammenarbeit mit ihrer Schwester, der Schriftstellerin Jennifer Lynne Smith, ist ein erstes gemeinsames Buch entstanden, *Things I Wonder*, das online bei www.hisworkpub.com verfügbar ist. Sehen Sie es sich an und erfahren Sie mehr über Angela!

Jean Matthew Hall lebt mit ihrem Mann Jerry in der Nähe von Charlotte in North Carolina. Sie hat in der Verwaltung einer christlich orientierten Schule gearbeitet, ist jetzt im Ruhestand und widmet ihre Zeit ihren Kindern und Enkelkindern, kirchlichen Ämtern und dem freiberuflichen Schreiben. Wenn sie Kalorien und Fette zu sich nimmt, sind sie in Schokolade gewickelt.

Christina Hamlett war früher Schauspielerin und Theaterregisseurin. Heute berät sie Drehbuchautoren und hat selbst 22 Bücher, 122 Theaterstücke und Musicals, fünf beachtete Spielfilmdrehbücher sowie Hunderte von Artikeln verfasst. Sie und ihr Mann, der Ritter in der schimmernden Rüstung, leben in Südkalifornien. Besuchen Sie Christina bei www.absolutewrite.com/site/christina.htm.

Bonnie Compton Hanson ist Schokoladenliebhaberin und Autorin mehrerer Büchern für Erwachsene und Kinder, darunter die populäre Reihe *Ponytail Girls.* Sie hat außerdem Hunderte von Artikeln und Gedichten veröffentlicht. Sie hält Vorträge für den Verband der Mütter von Vorschulkindern, für Senioren, Schulen, Frauengruppen und Autorentagungen. Der Kontakt zu Bonnie läuft über bonniehl@worldnet.att.net.

Patrick Hardin ist ein freischaffender Cartoonist, dessen Arbeit in verschiedenen Zeitschriften und Büchern rund um den Globus erscheint. Patrick ist unter der E-Mail-Adresse hardin_cartoons@comcast.net zu erreichen.

Sydney Salter Husseman lebt mit ihrem Mann, zwei Töchtern, zwei Katzen und zwei ziemlich großen Hunden in Utah. Sie hat Geschichten geschrieben für die Zeitschriften *Appleseeds, Children's Playmate, FACES, Hopscotch, Story Friends, Wee Ones* sowie für die im Verlag Blooming Tree Press erschienene Anthologie *Summer Shorts*. Ihre Hobbys sind Lesen, Schreiben, Reisen und ausgefallene Schokolade (na ja, manchmal tut es auch *irgendeine* Schokolade).

Jennie Ivey lebt in Cookeville in Tennessee. Sie ist Zeitungskolumnistin und Autorin zweier Bücher, *Tennessee Tales the Textbooks Don't Tell* und *E Is for Elvis*. Sie hat zahlreiche kurze Arbeiten im belletristischen und im Sachbuchbereich veröffentlicht, einschließlich Geschichten in fünf *Hühnersuppe-für-die-Seele*-Bänden. Jennie ist unter der E-Mail-Adresse jivey@frontiernet.net zu erreichen.

Patricia Carroll Johnson ist freiberufliche Schriftstellerin und arbeitet als Lektorin für drei Zeitschriften. Sie hat drei

Kinder und acht Enkelkinder. Ihre Hobbys sind Lesen, Stricken, Spinnen und Weben, und sie lässt keine Gelegenheit aus, Schokolade zu essen oder in die Bibliothek zu gehen.

Ruth Jones hat über 25 Jahre in der Organisationsentwicklung gearbeitet, ehe sie ihre Beratertätigkeit aufgab und mit dem Schreiben anfing. Sie hat den Rohentwurf für ihren ersten Roman fertig und Pläne für einen zweiten. Ruth lebt mit ihrem Mann Terry in Tennessee.

Nancy Julien Kopp hat Erzählungen, Artikel, Essays, Geschichten für Kinder und Gedichte geschrieben, die in Zeitschriften, Zeitungen, Webmagazinen und Anthologien veröffentlicht wurden, unter anderem in *Chicken Soup for the Father and Daughter Soul, Chicken Soup for the Sister's Soul 2* und *Chicken Soup for the Dieter's Soul*. Der ehemaligen Lehrerin macht es immer noch Spaß, anderen durch das geschriebene Wort etwas beizubringen.

Robyn Kurth ist freischaffende Autorin und hat über 15 Jahre Erfahrung im Schreiben und Produzieren von Videos für Firmen und die Industrie. Ihre Spezialität ist das »Schreiben fürs Ohr«. Sie kommt aus dem Raum Chicago und lebt derzeit mit ihrem Mann Greg und den Kindern Alex und Zell in Orlando/Florida. Robyn erreichen Sie unter der E-Mail-Adresse rwordworks@earthlink.net.

John J. Lesjack ist Absolvent der East Detroit High School und der San Francisco State University. Der pensionierte Lehrer beschäftigt sich zurzeit mit seiner zweiten Karriere als Autor und Referent. Seine Arbeiten sind in den Zeitschriften *Science of Mind* und *Grit,* in *Whispers from Heaven* und anderen US-amerikanischen Publikationen erschienen. Er hat drei Kinder, die alle keine Schokolade mögen. Kontakt zu John: lesjack@gmail.com.

Rhonda C. Leverett macht die Schokoladentherapie mit ihrer Familie in The Woodlands in Texas immer noch Spaß. Abgesehen davon verfasst sie Beiträge zu *The Write Ingredients Newsletter*, gewinnt ab und zu einen Schreibwettbewerb und arbeitet an ihrem ersten Buch, einem bittersüßen, in den Siebzigern angesiedelten Werk über das Erwachsenwerden. Besuchen Sie Rhonda unter www.leverett.com

J.M. Long lebt in Florida. Ihre Arbeiten sind in verschiedenen Printmedien veröffentlicht und im Fernsehen ausgestrahlt worden. Dies ist ihr erster Beitrag zur Reihe *Hühnersuppe für die Seele*.

Loree Lough ist Bestsellerautorin und hat für ihre Geschichten zahlreiche Auszeichnungen erhalten. Sie unterrichtet kreatives Schreiben und referiert oft vor Publikum in den USA und im Ausland. Sie und ihr Mann, der noch süßer als Schokolade ist, leben mit einem der Misshandlung entronnenen, jetzt verwöhnten Pointer in Maryland. Besuchen Sie Loree unter www.loreelough.com.

Gary Luerding lebt mit Lynne, die seit 24 Jahren seine Frau ist, im südlichen Oregon. Er hat schon mehrmals für *Chicken Soup for the Soul* geschrieben und ist Autor der Geschichte »The Sunny Side«, die in *Comfort for Mothers and Sons* erschienen ist, sowie von *Inshore Ocean Fishing for Dummies*. Sie erreichen Gary unter der E-Mail-Adresse garyluer@frontiernet.net.

Lynne Mac Knight hat die Essaysammlung *Celebration of Motherhood with Love & Laughter* geschrieben. Ihre Texte sind auch in der *New York Times*, in der *Times* und in *Sandpaper* erschienen. Sie ist Mutter von drei erwachsenen Kindern und hat fünf Enkelkinder.

L. J. Martin lebt mit ihrem Mann und zwei schokoladensüchtigen Söhnen im »Valley of the Sun« in Arizona. Alle freuen sich auf Oma Maries 90. Geburtstag, der mit einer Dinnerkreuzfahrt auf dem Illinois River gefeiert wird. Natürlich wird es jede Menge Schokoladenkuchen geben.

Sandy McKeown ist Mutter von fünf Kindern, Großmutter von zwei Enkelkindern und Mentorin für eine ganze Menge Leute. Sie hat Beiträge zu *Laundry Tales to Lighten Your Load* und *One Year Life Verse Devotional* verfasst. Außerdem ist die Internetseite celebratemoms.org ihr Sprachrohr. Sie und ihr Mann beraten Paare vor der Eheschließung und coachen jene, die in der Kindererziehung vor Herausforderungen stehen und in Liebe verheiratet bleiben wollen. Besuchen Sie Sandy unter www.sandymckeown.com.

Michelle McLean ist frischgebackene Romanschriftstellerin und freiberufliche Autorin. Sie hat einen Masters-Abschluss in Englisch, und ihre Essays wurden auf mehreren Webseiten und in zwei *Chicken Soup for the Soul*-Bänden veröffentlicht. Sie vollendet gerade ihren ersten Roman und genießt die Zeit zu Hause mit ihren Kindern.

Bill Meissner hat sechs Bücher geschrieben, darunter die Kurzgeschichtensammlungen *Hitting into the Wind* (Random House/SMU Press, Paperback) und *The Road to Cosmos* (University of Notre Dame Press). Seine Geschichten und Artikel sind in *Minnesota Monthly, Minneapolis/St. Paul Magazine, Lake Country Journal* und verschiedenen Sonntagsillustrierten erschienen, zum Beispiel *Miami Herald* und *Oregonian*. Er ist Bereichsleiter für kreatives Schreiben an der St. Cloud State University in Minnesota.

Peggy Morris ist Schokoholikerin, freischaffende Schriftstellerin, Pastorenfrau und Mutter von zwei wunderbaren Jungen. Ihre inspirierenden Worte finden sich auf Grußkarten von DaySpring, Gallant Greetings, Christian Inspiration und in der Zeitschrift *Woman's World*. Kontakt: peggymorris@htcog.net.

Amy Mullis lebt mit ihrem Mann Bill und ihren Teenagersöhnen Ryan und Jeffrey im nördlichen South Carolina. Sie arbeitet Teilzeit als Kirchensekretärin und trinkt regelmäßig ihre geliebte heiße Schokolade. Ein Essay von Amy ist auch in *Chicken Soup for the Beach Lover's Soul* veröffentlicht worden.

Linda Newton ist Absolventin der Azusa Pacific University und arbeitet als Beraterin bei der Sierra Pines Church in Oakhurst/Kalifornien. Als Mutter von drei erwachsenen Kindern hat sie gelernt, dass es nichts gibt, was nicht mit Kleenex und Schokolade in Ordnung gebracht werden könnte. Durch die Vermittlung einer Agentur für christliche Autoren und Referenten (CLASServices) hält sie Vorträge im ganzen Land und wird oft eingeladen, bei Retreats, Konferenzen und Seminaren zu sprechen. Besuchen Sie Linda unter www.lindanewtonspeaks.com.

Linda O'Connell, eine erfahrene Pädagogin für die frühe Kindheit in St. Louis in Missouri, unterrichtet Senioren im kreativen Schreiben. Sie glaubt, dass diese Welt besser wäre, wenn es mehr Humor gäbe und mehr gelacht würde. Ihre bevorzugten Hobbys sind Strandspaziergänge mit ihrem Mann und Schreiben.

Dorri Olds, eine gebürtige New Yorkerin, hat 1985 ihren Bachelor of Fine Arts gemacht und arbeitet seitdem als Grafikdesignerin. 1994 startete sie ihre in Manhattan angesiedelte Firma DorriOlds.com. Ihre Kurzgeschichten wurden in zwei *Chicken Soup for the Soul*-Bänden, in der Zeitschrift *New Woman* und in dem Buch *At Grandmother's Table* veröffentlicht.

Barbara Paulson lebt im nordöstlichen Ohio. Ihr kürzlich veröffentlichtes Buch *No Going Back* ist ein historischer Roman, den sie zusammen mit Norah Griggs geschrieben hat. Ihre Gedichte sind in *Rocklady: The Building of a Labyrinth* erschienen. Besuchen Sie Barbara unter www.rocklady.ws.

Linda Kaullen Perkins' Kurzgeschichten, Artikel und Essays sind in verschiedenen Publikationen erschienen, etwa in der Reihe *The Rocking Chair Reader* und *A Cup of Comfort for Weddings* bei Adams Media. Als Autorin von über 95 veröffentlichten Erzählungen ist sie Mitglied des US-amerikanischen Verbandes der Romanschriftsteller und des Schriftstellerverbandes von Missouri. Besuchen Sie Linda: http://hometown.aol.com/squatters5/lindakaullenperkins.html.

Stephanie Piro gehört zum King-Features-Team weiblicher Cartoonistinnen und ist für den Samstagscomic in »Six Chix« verantwortlich. Die Geschenkartikel, die sie über ihre Firma Strip T's vertreibt, sind bei www.stephaniepiro.com zu sehen, ihr neues Buch *My Cat Loves Me Naked* ist im US-amerikanischen Buchhandel erhältlich. E-Mails an Stephanie bitte an stephaniepiro@verizon.net. Es geht aber auch postalisch: 27 River Road, Farmington, NH 03835.

Helen Kay Polaski ist freiberufliche Autorin und Buchlektorin. Zu ihren neuesten Projekten gehören die Zusammenstellung und Herausgabe von *A Cup of Comfort for Weddings, Classic Christmas: True Stories of Holiday Cheer* und *Goodwill*. Sie erreichen Helen unter der E-Mail-Adresse hkpolaski@yahoo.com.

Felice Prager aus Scottsdale in Arizona ist freiberufliche Autorin und genießt als Schriftstellerin internationale Anerkennung. Felice arbeitet außerdem mit Kindern und Erwachsenen, die mäßige bis schwere Lernbehinderungen haben.

Bruce Robinson ist ein preisgekrönter, international publizierter Cartoonist, dessen Arbeiten in zahlreichen Zeitschriften erschienen sind, etwa *National Enquirer, The Saturday Evening Post, Woman's World, The Sun, First, Highlights for Children* und anderen. Er ist außerdem Autor des Cartoonbuchs *Good Medicine.* Eventuelle E-Mails gehen an cartoonsbybrucerobinson@hotmail.com.

Sallie Rodmans Texte sind in mehreren *Chicken Soup for the Soul*-Anthologien und auf den Tüten von *Chicken Soup*-Hundefutter erschienen. Ihre Artikel finden sich in *Romantic Homes, Mystery Review* und *Angels on Earth.* Sallie ist unverbesserliche Schokoholikerin und zieht es vor, nicht geheilt zu werden. Sie erreichen sie unter der E-Mail-Adresse sa.rodman@verizon.net.

Merrie Root ist Mutter und Großmutter und ganz vernarrt in ihre Familie. Ihre Geschichten sind in *God Allows U-Turns 2* und mehreren anderen Anthologien veröffentlicht. Für ihre Gedichte hat sie die Silbermedaille der International Library of Poetry erhalten.

Bill Satterlee ist pensioniertes Vorstandsmitglied einer Supermarktfirma. Er hat unter anderem betriebliche Ausbildungshandbücher und Dokumentationen über Versicherungs- und Verfahrensabläufe verfasst. Viele seiner Artikel über Geschichte, Familienerinnerungen und Lebenserfahrungen finden sich auf mehreren Internetseiten und wurden in der Lokalzeitung veröffentlicht.

Radhika Basu Thakur hat ihren Hochschulabschluss in englischer Literatur an der Universität Kalkutta gemacht und besitzt ein Diplom der London School of Journalism. Sie hat Inhalte für verschiedene Webseiten sowie für die populäre Tageszeitung *The Telegraph* geschrieben und redigiert. Radhika strebt derzeit einen Postgraduate-Abschluss in Kunst und Medien an der Griffith University in Australien an. Lesen Sie Radhikas Blog unter http://life-and-all-that-jazz.blogspot.com.

Cristy Trandahl ist freiberufliche Autorin und Mutter von sechs Kindern. Sie liefert Beiträge zu vielen landesweit vertriebenen Anthologien und hält Vorträge zu Erziehungsthemen. Weitere Informationen und Hilfe bei Schokoladensucht: www.cristytrandahl.com.

Joyce Tres ist Schriftstellerin und lebt in Kalifornien. Ihre Kurzgeschichten, Essays, Gedichte und Artikel sind in verschiedenen Publikationen erschienen. Vor Kurzem hat sie ihren ersten Roman geschrieben. Besuchen Sie Joyce bei http://joycetres.net.

Samantha Ducloux Waltz ist freischaffende Schriftstellerin und lebt in Portland/Oregon. Um mit ihrer interessanten, immer chaotischen Welt zurechtzukommen, schreibt Samantha am liebsten autobiografische Essays. Sie finden sich in zahlreichen gängigen Anthologien sowie *Christian Science Monitor.*

Abdruckgenehmigungen

Wir danken den zahlreichen Herausgebern und Autoren für die Erlaubnis, ihre Geschichten abzudrucken. Alle nicht einem einzelnen Autor zugeordneten Inhalte stammen von Patricia Lorenz. Die Geschichten, die anonym verfasst wurden, für die das Copyright abgelaufen ist oder die von Jack Canfield, Mark Victor Hansen oder Patricia Lorenz geschrieben wurden, sind hier nicht aufgeführt.

Fifteen-Cent Surprise (Die Fünfzehn-Cent-Überraschung). Abgedruckt mit Genehmigung von Jean Matthew Hall. © 2006 Jean Matthew Hall.

Skinny Dotty and Her Chocolates (Die dünne Dotty und ihre kleinen Schokoladen). Abgedruckt mit Genehmigung von Dorri Olds. © 2006 Dorri Olds.

Cards and Kisses (Karten und Küsse). Abgedruckt mit Genehmigung von Linda Newton. © 2007 Linda Newton.

Full Confession (Ein umfassendes Geständnis). Abgedruckt mit Genehmigung von Cheryl L. Butler. © 2006 Cheryl L. Butler.

A Guy Speaks Out for Chocolate. (Ein Mann will Schokoladengleich-

berechtigung). Abgedruckt mit Genehmigung von Bill Meissner. © 2007 Bill Meissner.

Chocolate-Covered Cherries (Kirschen in Schokolade). Abgedruckt mit Genehmigung von John J. Lesjack. © 2006 John J. Lesjack.

Oh, Fudge! (Oh, Fudge!), Abgedruckt mit Genehmigung von Bonnie Compton Hanson. © 2006 Bonnie Compton Hanson.

Sweet Chocolate Sunshine (Süßer Schokoladen-Sonnenschein). Abgedruckt mit Genehmigung von Radhika Basu Thakur. © 2006 Radhika Basu Thakur.

Bittersweet Birthday (Bittersüßer Geburtstag). Abgedruckt mit Genehmigung von Cristy L. Trandahl. © 2006 Cristy L. Trandahl.

A Nickel and Chocolate Cake with Candy-Bar Icing (Eine Fünf-Cent-Münze und Schokotorte mit Schokoriegelguss). Abgedruckt mit Genehmigung von Bill Satterlee. © 1996 Bill Satterlee.

Sweet Shoppe (Süßer Einkauf). Abgedruckt mit Genehmigung von Patricia Carroll Johnson. © 2006 Patricia Carroll Johnson. Erstveröffentlichung in *Chicken Soup for the Shopper's Soul.*

A Good Chocolate Is Hard to Find (Gute Schokolade ist schwer zu finden). Abgedruckt mit Genehmigung von Robyn Kurth. © 2006 Robyn Kurth.

Love at First Truffle (Liebe auf das erste Trüffelpraliné). Abgedruckt mit Genehmigung von Christina Hamlett. © 2007 Christina Hamlett.

Chocolate Attack (Schokoladenanfall). Abgedruckt mit Genehmigung von Lynne MacKnight. © 2000 Lynne MacKnight.

Erstveröffentlichung in *Celebration of Motherhood with Love and Laughter.*

A Taste of Chocolate (Der Geschmack von Schokolade). Abgedruckt mit Genehmigung von Gary B. Luerding. © 2006 Gary B. Luerding.

Some Like It Hot (Manche mögen's heiß). Abgedruckt mit Genehmigung von Amy Mullis. © 2006 Amy Mullis.

Chocolate Milk and Bologna (Schokomilch und Schinkensandwich). Abgedruckt mit Genehmigung von Stephanie Buckwalter. © 2007 Stephanie Buckwalter.

Candy Kisses (Süße Küsse). Abgedruckt mit Genehmigung von Kathe Campbell. © 2007 Kathe Campbell.

Say It with Chocolate (Sag's mit Schokolade). Abgedruckt mit Genehmigung von Michelle McLean. © 2007 Michelle McLean.

Finger-Lickin' Good! (Zum Fingerabschlecken gut!). Abgedruckt mit Genehmigung von Victoria J. Hanson. © 2006 Victoria J. Hanson.

Chocolate Shake and Chocolate Cake (Schokoladenshake und Schokoladenkuchen). Abgedruckt mit Genehmigung von Joyce P. Tres. © 2006 Joyce P. Tres.

Chocolate Bunnies (Schokoladenhasen). Abgedruckt mit Genehmigung von Linda Kaullen Perkins. © 2007 Linda Kaullen Perkins.

A Spoonful of Fudge (Ein Löffel Fudge). Abgedruckt mit Genehmigung von Nancy Julien Kopp. © 2006 Nancy Julien Kopp.

The Chocoholic Grandma (Die schokoladensüchtige Oma). Abgedruckt mit Genehmigung von L. J. Martin. © 2006 L. J. Martin.

Somebody's Sweetheart (Jemandes süßer Schatz). Abgedruckt mit Genehmigung von Linda Newton. © 2007 Linda Newton.

Accomplices in Chocolate (Schokoladenkomplizen). Abgedruckt mit Genehmigung von Barbara Paulson. © 2007 Barbara Paulson.

In Emergency, Break Glass (Im Notfall Scheibe einschlagen). Abgedruckt mit Genehmigung von Sandy McKeown. © 2006 Sandy McKeown.

The Chocolate Marauder (Der Schokoladendieb). Abgedruckt mit Genehmigung von Terri Duncan. © 2007 Terri Duncan.

The Revolving Door (Die Drehtür). Abgedruckt mit Genehmigung von Elynne Chaplik-Aleskow. © 2006 Elynne Chaplik-Aleskow.

Wanted: A Cold Day in Florida (Gesucht: Ein kühler Tag in Florida). Abgedruckt mit Genehmigung von J. M. Long. © 2007 J. M. Long.

Just Like Grandma's (Genau wie die von Oma). Abgedruckt mit Genehmigung von Susan Engebrecht. © 2007 Susan Engebrecht.

Sharing Chocolate (Schokolade teilen). Abgedruckt mit Genehmigung von Samantha Ducloux Waltz. © 2007 Samantha Ducloux Waltz.

A Chocolate Tradition (Eine Schokoladentradition). Abgedruckt mit Genehmigung von Christina Dymock. © 2006 Christina Dymock.

The Gift of Chocolate and Love (Ein Geschenk aus Schokolade und Liebe). Abgedruckt mit Genehmigung von Merrie Root. © 2006 Merrie Root.

Chocolate – Eat Your Heart Out (Schokolade – so viel Sie wollen). Abgedruckt mit Genehmigung von Harriet Cooper. © 2006 Harriet Cooper.

Is There Chocolate in Heaven? (Gibt es im Himmel Schokolade?). Abgedruckt mit Genehmigung von Loree Lough. © 2007 Loree Lough.

Auntie Yum (Tante Mjam). Abgedruckt mit Genehmigung von Sydney Salter Husseman. © 2007 Sydney Salter Husseman.

House of Chocolate (Das Schokoladenhaus). Abgedruckt mit Genehmigung von Helen Kay Polaski. © 2006 Helen Kay Polaski.

Kisses for Daddy (Küsse für Papa). Abgedruckt mit Genehmigung von Peggy Morris. © 2007 Peggy Morris.

Sharing Secret Indulgences (Sündige Genüsse für zwei). Abgedruckt mit Genehmigung von Felice Prager. © 2004 Felice Prager.

The Secret Ingredient (Die geheime Zutat). Abgedruckt mit Genehmigung von Ruth Jones. © 2006 Ruth Jones.

The Dud in White (Ein weißes Kleid und Schokoriegel). Abgedruckt mit Genehmigung von Jessica R. Ferguson. © 2007 Jessica R. Ferguson.

It Turns to Love (Schokolade und Liebe). Abgedruckt mit Genehmigung von Ronda C. Leverett. © 2007 Rhonda C. Leverett.

Thank You, Santa (Danke, Weihnachtsmann). Abgedruckt mit Genehmigung von Jennie Ivey. © 2007 Jennie Ivey.

The Old Red Devil (Der Alte Rote Teufelskuchen). Abgedruckt mit Genehmigung von Lori Falce. © 2007 Lori Falce.

The Game Plan (Das Schokoladen-Match). Abgedruckt mit Genehmigung von Sallie A. Rodman. © 2007 Sallie A. Rodman.

Heavenly Cookies (Himmlische Cookies). Abgedruckt mit Genehmigung von Linda O'Connell. © 2006 Linda O'Connell.

The Way Home (Der Weg nach Hause). Abgedruckt mit Genehmigung von Angela Gray. © 2007 Angela Gray.

Dear Chip (Lieber Schok). Abgedruckt mit Genehmigung von Barbara Ann Carle. © 2007 Barbara Ann Carle.